Andreas Steffens · Gerade genug

Andreas Steffens

Schriftsteller und Philosoph, 1957 in Wuppertal geboren; Wanderschaft zwischen Philosophie, Literatur und bildender Kunst; 1980-1990 Mitbegründer und -betreiber der Galerie Epikur, Wuppertal; 1989 Promotion an der Heine-Universität Düsseldorf; 1990 – 2002 Wohnsitz in Paris; 1995 Habilitation und Privatdozentur an der Universität Kassel; Schwerpunkte in Lehre und Forschung: Historische Anthropologie, Kulturtheorie, Ästhetik.
Zahlreiche wissenschaftliche, kunstkritische und literarische Veröffentlichungen; 2001-2004 eigene Kolumne »*Fundstücke*« in *neue deutsche literatur* (Aufbau-Verlag Berlin); Essays, Kritiken und Reden zu Kunst und Künstlern
Bücher: *Das Innenleben der Geschichte. Anläufe zur Historischen Anthropologie* (1984); *Nach der Postmoderne* (Hg., mit Christine Pries und Wilhelm Schmid), Bollmann Verlag: Düsseldorf 1992; *Poetik der Welt*, europäische verlagsanstalt: Hamburg 1995; *Philosophie des 20. Jahrhunderts oder Die Wiederkehr des Menschen*, Reclam-Verlag: Leipzig 1999; *Petits fours*: 13 Radierungen von Annette Lucks zu Aphorismen, München 2003; *Glück. Aspekte und Momente*, NordPark Verlag: Wuppertal 2009; *Petits Fours. Aphorismen.* NordPark Verlag: Wuppertal 2009; Eva Bertram, *2 Ein Kind,* Hatje Cantz Verlag: Ostfildern 2010.
1987 Preis der Stiftung zur Förderung der Philosophie
2009 Kultur-Preis der Springmann Stiftung

Andreas Steffens

Gerade genug

Essays und Miniaturen

NordPark

Bibliografische Information der Deutschen Nationalbibliothek
Die Deutsche Nationalbibliothek verzeichnet diese Publikation in der Deutschen Nationalbibliografie; detaillierte bibliografische Daten sind im Internet über http://dnb.d-nb.de abrufbar.

Originalausgabe
2010

Titelbild: Shahin Damizadeh,
»Es reicht.«, Acryl/Papier, 2009
Umschlaggestaltung: MCG, Luzern/Berlin
Gesetzt in der Minion
Herstellung: Books on Demand GmbH, Norderstedt
Printed in Germany
ISBN 978-3-935421-46-1

NordPark Verlag · Klingelholl 53 · D-42281 Wuppertal
www.nordpark-verlag.de

Inhalt

Vorweg

Je größer die Fragen, desto bedenklicher wird es, sie zu bedenken. Sie beschämen das Denken, indem sie es dem Scheitern an jener Banalität aussetzen, deren verstörende Erfahrung es doch in Gang setzt: hinter dem, was so, wie es ist, doch nicht alles sein könne, einen Sinn zu entdecken, der es erträglich werden lässt.

Diesem Scheitern zu entgehen, braucht es außer Mut zur Selbstüberforderung vor allem Sinn für das Geringfügige. Mögliche Antworten liegen in der Aufmerksamkeit für das Beiläufige geborgen. Das macht die auch geisteswissenschaftlich geübte betriebsame Unterscheidung nach ›Haupt- und Nebensachen‹ eines Autors hinfällig. Für einen, der eine hat, gibt es nur verschiedene Wege, sich seiner Sache anzunehmen, und sie zur Sprache zu bringen.

Das zur Sprache Gebrachte ist das dem Leben als seine Wirklichkeit Zugeeignete.

Wer im Leben das Sagen hat, braucht nur wenig zu sprechen; wer die Worte sucht, die das Leben wirklich machen, muss alles aussprechen. Dabei hat er sich vor dem Bereden zu hüten.

Der Schriftsteller, der nicht nur beschreiben will, was er in Erfahrung bringt, sondern auch verstehen, gerät in die Philosophie; der Philosoph, der nicht nur aussagen will, was er denkt, sondern den Gedanken auch zur Sprache bringen, die seine Einsicht verstehen lässt, in die Literatur.

Der Gedanke bedarf der Sprache, die ihn dem Leben einfügt, aus dessen Erfahrung er stammt. Nicht irgendeiner – : der Sprache des bewussten Lebens, in die er zu übertragen ist, sobald er in der Sprache des Denkens erfasst wurde.

Diese Übersetzung macht den Philosophen zum Schriftsteller:

die Anverwandlung der Erkenntnis aus Begriffen für ein Leben aus bedachter Einsicht.

Die Schnittfläche ist nicht der schriftstellernde Philosoph, auch nicht der philosophierende Schriftsteller: es ist die Sprache der Erfahrung. An deren Bildung arbeiten beide. Für sie gibt es nicht ein einziges Genre, sondern ein unbegrenztes, sich mit jeder Überlegung neu ausrichtendes Feld der Bedeutungsbildungen.

Deren Verfahrensform, die keine Gattung ist, ist der Essay: die Unform einer stetig neu ansetzenden Formprägung gedachter Erfahrung in Sprache.

Die wohl größte aller philosophischen Selbstüberforderungen liegt im Anspruch des Begriffs der Wahrheit. Ihn zu bedenken, sollte nicht beabsichtigen, ihn zu definieren, sondern sich dieses Anspruchs zu vergewissern. Er lauert hinter allen Verbindlichkeiten, die die einen für die anderen setzen, vom pragmatischen Gebot der Lebensführung bis zur Verwerfung eines Lebenswertes.

Die Selbstgewissheit des Urteils über Existenzwert und -unwert steht am Anfang aller Ereignisse, die unser Verständnis von Geschichte, und das Entsetzen ihrer Erfahrung bestimmen. Von ihm geht eine ständig sich erneuernde Nötigung aus, das Dasein derer zu bedenken, die ihre Erfahrung machen. Rückhalt und Antrieb des Nachdenkens ist seit dem Bruch, der sich in der Geschichte des 20. Jahrhunderts vollzog, die alle Einsichten und sicheren Überzeugungen menschlichen Selbstverstehens außer Kraft setzte, Anthropologie: die Selbstbefragung menschlicher Selbstgewissheit.

Nach dem Ende des Humanismus die Lage des Menschen zu bedenken, erfordert indirekte Zugänge, da mit seinem überkommenen Verständnis auch »der Mensch« als Objekt der Erkenntnis verschwand. Nun bedarf es indirekter Zugänge, eines Spurenlesens im Unvermuteten, wie einer Novelle Balzacs, an der das Fortwirken der Anthropolitik als einer Politik am Menschen hervortritt.

Der Anthropologe hat sich nun umzutun in den Unwahrscheinlichkeiten und Unscheinbarkeiten alles dessen, was seine Geschichte dem Menschen aufzwang, der sie sich antat.

Das führt auf verloren gewesenen Spürsinn wie den der Physiognomie zurück, die es darauf anlegte, die Wahrheit eines Menschen aus seinem Gesicht und seinen Händen abzulesen. Wenn wir wissen wollen, was wir wissen wollen, so werden wir es mit dem Verborgenen zu tun bekommen; Verborgenem, wie es jedermann ins Gesicht geschrieben steht. Es sind die offenen Geheimnisse seiner Geschichte, die der Anthropologe als Archäologe des Menschen ausspricht.

Aber wollen wir auch wissen, was wir wissen müssten, um uns kennen zu können? Die wesentlichen Einsichten werden nicht erarbeitet; mit der Aufmerksamkeit des Unwillkürlichen muss man sie sich zusprechen lassen aus den Zeugnissen manifestierter Erfahrung, wie sie die literarischen und die bildnerischen Künste darbieten.

In der europäischen Kultur sind sie durchdrungen von der Drohung der Fremde als Urerfahrung des Menschseins. Kontrapunktiert wird sie vom Versprechen des Kindes, dass anderes Leben möglich wird, wann immer ein neues entsteht.

Von der Arbeit an der Erkenntnis des Menschen ging das 20. Jahrhundert, dessen Ende noch nicht eingetreten ist, über zu einer Arbeit am Menschen. Nietzsches Sehnsucht nach einem anderen Menschen wurde zur erlogenen Pseudolegitimation einer Abschaffung des Menschen in den Anstrengungen seiner endgültigen, einförmigen Erzwingung als Objekt politischer Anthropopoiesis. Deren schleichende Wiederkehr unter dem Mantel der Neutralität reiner wissenschaftlicher Forschung macht ihn zu einem der Klassiker des 21. Jahrhunderts, so wie Balzac und E.T.A. Hoffmann zu Klassikern der literarischen Vorgeschichte des ›Neuen Menschen‹ wurden.

Zur anthropopoietischen Wiederaufrüstung gehören als wesentliche Werkzeuge ihrer Implantierung ins kollektive Unbewusste die Medien der Virtualität. Im Universum medialer Technik erhält das Bild neue, unabsehbare Bedeutung. Es wird zur Vorwegnahme einer künftigen Wirklichkeit, so, wie es einmal die Aufbewahrung einer vergangenen gewesen ist. Das Virtuelle ist nicht das Unwirkliche; es ist die Vorhersicht einer anderen Wirklichkeit.

Wie der *Essay* nicht die Gestalt eines unsicheren, sondern des offenen Denkens ist, das sich zu seinem Gegenstand in Beziehung setzt, indem es dessen Beziehungen nachzeichnet, so gibt die *Miniatur* nicht das Große klein, sondern zeigt am Beiläufigen die Wirklichkeit des Bedeutenden.

Die den Essays angefügten Miniaturen sind Etüden zur Erprobung einer Aufmerksamkeit, die im Unscheinbaren Facetten des Wesentlichen aufspürt.

Essays

Hinter Vorhängen oder Von der Wahrheit

Wahrheit macht frei, und tötet. Sie ist nicht für jedermann.

Die Wahrheit der Wahrheit nämlich ist – die Lüge.

Diese ist nicht ihr Gegenteil, vielmehr ein Zustand der Wahrheit selbst. Deren Verbergung dient die Kunst der Lüge.

Ihre sicherste Verbergung ist die offene Aussprache dessen, was niemand bereit ist, zu glauben. Die als Gerücht in die Welt gestreute Wahrheit über Auschwitz war seine beste Tarnung. Der Satz ›Die Juden werden in Auschwitz mit Gas getötet.‹ verbürgte, dass das Vernichtungslager unversehrt blieb.

Mundus vult decipi. Älteste Einsicht. Aber warum? Weil die Wahrheit kaum zu ertragen ist?

Es ist ihre ›Nacktheit‹, die verstört. Denn zumutbar ist Nacktheit nur dem Liebenden, den das Muttermal am falschen Fleck nicht stört, sondern erregt. Die Wahrheit – das sind Plattfüße, Zellulitis, Perversionen, Heimlichkeiten. Sind Bankerottes, Hasenzähne, Überbeine. Die Wahrheit, das ist, was nicht zum Offenbaren taugt; ist nichts, das im Offenen stehen kann, ohne weiche Knie zu bekommen.

Die Wahrheit, das ist Demaskierung. Ist alles, was man verbergen, verschweigen, verstecken will und muss. Die Wahrheit, das sind die Leichen im Keller; die ungelebten Lieben; die unterdrückten Triebe.

Mit der Wahrheit geht man nicht spazieren. Mit ihr geht man hinter einen Vorhang, wenn man es nicht vermeiden konnte, ihr zu begegnen. Nicht, um sie zu genießen; um sie zu beschwören, sich verborgen zu halten, wenigstens solange noch, bis... Die

Heimlichkeit, die man mit ihr treibt, ist keine fröhliche Intimität im Séparé. Nicht Übermut, Angst bestimmt sie.

Die Wahrheit stinkt. Sie ist begraben unter den Parfums der Rollen, der Selbsttäuschungen und Lebenslügen.

Die Wahrheit, das sind des Kaisers neue Kleider. Tollkühn, sie zu beschreiben. Wer die Wahrheit will, muss sich dem Kind anvertrauen, das sie sagen kann, weil es die Lüge noch nicht kennt. Die Erziehung zur Wahrheit beginnt mit der Erklärung der Lüge. So ist sie mit ihrem ersten Schritt zum Scheitern verurteilt.

Die Wahrheit ist boshaft. Nur durch Entblößung tritt sie hervor: der Vorhang wird zur Seite gezogen. Selten wird das den Voyeur befriedigen, sie ist nicht reizvoll; öfter den Boshaften, denn für irgendeinen ist sie immer schädlich. Nicht durch ihren Gehalt, allein durch ihre Offensichtlichkeit. Weil sie nur in ihrer Verborgenheit erträglich ist, lässt sich mit nichts so wirksam lügen wie mit der Wahrheit: *Niemand hat die Absicht, eine Mauer zu errichten.*

Aus ihrer schonenden Verborgenheit hervorgeholt, wird die Wahrheit zudringlich. Einmal entblößt, sinnt sie auf Rache. Sie tritt einem näher, als angenehm sein kann. Die entblößte Wahrheit zersetzt die Wirklichkeitsverbürgung der Lüge, des Mantels, in dessen Schutz das Selbst sich auf die Lebensstraße seines Ich begeben kann. Die Wahrheit zu kennen, kann frei machen; sie zu äußern, beschwört Gefahr herauf.

Deshalb ist eine amoralische Kunst der Lüge so lebenswichtig, deren Verfall stetig voranschritt, seit Oscar Wilde ihn beklagte.

Wer das weiß, oder auch nur ahnt, wird die Rücksicht gegen die Anderen aufbringen, derer er selbst unablässig bedarf.

Die Wahrheitsliebe um jeden Preis ist eine Leidenschaft, die nichts verschont und der nichts widersteht. Sie ist ein Laster, bisweilen ein Ausdruck der Bequemlichkeit oder der Selbstsucht. Wenn Sie sich also in einem solchen Fall befinden, zögern Sie nicht! Versprechen Sie, die Wahrheit zu sagen, und lügen Sie, so gut Sie es vermögen.

Damit werden Sie dem geheimen Wunsch Ihrer Freunde entsprechen und ihnen Ihre Zuneigung doppelt beweisen (Camus, Fall, 78 f.). Die Wahrheit der Lüge ist der Schutz der Wahrheit.

Die Wahrheit ist unmenschlich. Deshalb war ihr Besitz und ihre Offenbarung einst göttliches Vorrecht.

Wer auf der Wahrheit besteht, gibt Rücksichtslosigkeit und Gleichgültigkeit zu erkennen gegenüber den Bedingungen, unter denen es sich menschlich leben lässt. Er ist besser zu meiden. Gegenüber einem Verlangen nach Wahrheit, das darüber hinaus geht, zu erwarten, nicht die Unwahrheit zu sagen, können Misstrauen und Vorsicht nicht groß genug sein. Der unbedingte Wahrheitsanspruch ist eine Maske der Grausamkeit.

Das Medium der in gegenseitiger Schonung gegenwärtigen Wahrheit ist Liebe. *Da es ja immer nur Liebesblicke sein können, die sehen; Liebe macht sehend, nicht blind. Immer werden sie es sein, die, alle Täuschung mit eingerechnet, und das ist sicher viel Täuschung, wenigstens irgend etwas von der Wahrheit zu sehen bekommen: sie, und nicht die objektiven, forschenden, wissenschaftlichen Blicke, die sich am gründlichsten irren, weil ihr Irrtum nicht einen Frühling und Sommer, sondern immer gleich ein Jahrhundert lang währt* (Kästner, Stundentrommel, 110 f.). Vor allem bekommt sie an der Wahrheit genau das zu sehen, was nicht gesehen werden will. Und schont es. Die Liebe versteht sich auf Vorhänge.

Die Liebe will nur den Körper nackt; vor die Seele des Anderen stellt sie sich schützend gegen die Offenheitszwänge aller Welt. Wer liebt, liest den Augen des geliebten Menschen vor allem sonst ab, was er braucht, um geschützt zu sein. Die Liebe schützt des anderen Geheimnis, das sie erspürt hat, um es in sich zu (ver) bergen.

Wahr sprechen dürfte nur, wer liebt, und nur gegen den, den er liebt. Aber das überlegt tausendmal, wer liebt, bevor er schweigt. Denn nichts ist der Liebe so gefährlich wie ihre eigene Wahrheit, der Verrat.

Indem man sich am Sein dieses einen, besonderen Menschen freut, wird das eigene zur Freude. Aber kein Sein ohne Verdrängung eines anderen, das an seiner Stelle gewesen wäre, hätte dieses sich nicht auf seinem Weg in die Welt durchgesetzt. Die Seinsfreude ist die Wirkung, aber nicht die Wahrheit der Liebe.

Keine Liebe nämlich ohne den Ausschluss einer anderen, die an ihrer Stelle sein könnte, und jedes Recht darauf hat, und doch fruchtlos verglüht. Als diese eine bestimmte Liebe kann es sie nur deshalb und nur solange geben, wie ihr Verrat jederzeit möglich ist. Nur dadurch hat sie ihren ausschließenden Wert, dass sie immer einem anderen geraubt ist und immer, in jedem Moment, wieder geraubt werden kann. Liebe ist der Biss des Raubtiers, das seine Beute wahllos schlägt.

Das Ideal des Christentums, in der Wahrheit als in der Offenbarung zu leben, schenkte Europa tausend Jahre der Identität der Wahrheit mit dem Sinn des Lebens. Wer es verstand, sich dieser einen und einzigen Wahrheit anzuvertrauen, dessen Lebenssinn war gesichert. Das ist vorbei. Mit der einen Wahrheit ging der nachreligiösen Kultur die Bürgschaft des sinnvollen Lebens verloren. So sehr, dass es nicht ausbleiben konnte, ihrem Wahrheitsersatz, der objektiven Erkenntnis von Sachverhalten, die Rolle anzutragen, die die eine Wahrheit innegehabt hatte. Aber die Objektivität ist ein Verfahren des Erkennens, kein Gehalt von Erkenntnis. Eine Kultur, die nur für verbindlich halten will, was als Sachverhalt objektiv begründet ist, muss an Sinnverlust leiden. Den Geist, den der Objektivismus verdummte, überflutet die nicht endende Welle synthetischer Wahrheiten, deren Verbindlichkeit desto rigoroser eingefordert und desto rücksichtsloser durchzusetzen gestrebt wird, je deutlicher ihre Unerweisbarkeit ist.

Die Wahrheit wird von Märtyrern bezeugt; die Wahrheit, die keine ist, aber die einzige sein soll, verlangt nach Opfern.

Wer sein Leben sinnvoll führen möchte, muss sich so weit wie möglich fern halten von allen Wahrheiten, und sich auf die Suche nach seiner eigenen begeben. Das ist das Grundpensum, das jede einzelne Existenz unter den Bedingungen unserer inzwischen ebenso nachobjektiv wie nachreligiös gewordenen Kultur für sich zu leisten hat.

Ihr ist aufgegeben, was Nietzsche sich von den Philosophen der Zukunft vorstellte. *Sind es neue Freunde der »Wahrheit«, diese kommenden Philosophen? Wahrscheinlich genug: denn alle Philosophen liebten bisher ihre Wahrheiten. Sicherlich aber werden es keine Dogmatiker sein. Es muss ihnen wider den Stolz gehen, auch wider den Geschmack, wenn ihre Wahrheit gar noch eine Wahrheit für Jedermann sein soll: was bisher der geheime Wunsch und Hintersinn aller dogmatischen Bestrebungen war. »Mein Urtheil ist m e i n Urtheil: dazu hat nicht leicht auch ein Anderer das Recht« – sagt vielleicht solch ein Philosoph der Zukunft* (Jenseits von Gut und Böse. Vorspiel einer Philosophie der Zukunft (1886), Zweites Hauptstück: der freie Geist, Aphorismus 43).

Sinnvoll kann ein Leben nur diesseits der einen Wahrheit sein – vor allem diesseits der Wahrheit des Lebens. Die nämlich kennt den Wert des Einzelnen, für den es allein wichtig sein kann, ob und welchen Sinn sein eigenes habe, nicht.

Dafür steht die Wahrheit der Liebe auf die ernüchterndste Weise ein, die die Wahrheit doch selbst so behutsam zu schützen weiß: was das Individuum als eine Erfüllung seines Lebens, wenigstens als eine in seinem Leben, erfährt, ist nichts als der Trick, mit dem die Gattung zu ihrer eigenen Erhaltung über es verfügt. Das will am wenigsten wissen, wer liebt. Blind gegen die Wahrheit dessen, was damit geschieht, wollen wir nichts als diesen einen Menschen im Licht der Freude sehen, die sein Dasein uns bereitet. Solange sie strahlt, schere die(se) Wahrheit sich davon.

Am weitesten die Wahrheit des Lebens. Denn das Leben kennt nur die Gattung.

Die Aufgabe *eines* Lebens besteht darin, sich selbst gerecht zu leben, nicht dem Leben: das weiß von dem, worin es sich verwirklicht, nichts.

Das zu wissen, reicht fast schon, um in ihm nicht verloren zu gehen.

Camus, Albert, Der Fall, Ffm 1963
Kästner, Erhart, Die Stundentrommel. Vom Heiligen Berg Athos, Wiesbaden 1956
Wilde, Oscar, Der Verfall der Lüge. Eine Betrachtung (1889), in: ders., Werke in zwei Bänden, ed. Rainer Gruenter, München 1970, Bd. I, 393-428

Vom Gesicht

…, in ihren Gesichtern ist ihre Geschichte, ist alles, das sie sind.
Thomas Bernhard, ›Auslöschung‹

Sieh mich an

Blicke jedem, mit dem du sprichst, ins Gesicht.
Ins Auge aber nur, wenn du ihm dein Wohlwollen
zeigen willst oder – die Zähne.
Walter Serner

Wir vertrauen dem Auge mehr als dem Gehör. So unwillkürlich wie zwingend. Seinem Vorrang gegenüber allen anderen Sinnen können wir uns nicht entziehen. Denn das Ohr lokalisiert in gattungsgeschichtlicher Erinnerung der ursprünglichsten aller Notwendigkeiten der Lebenserhaltung zwar den möglichen Feind; das Auge aber muss ihn identifizieren. Es schlägt Alarm oder gibt Entwarnung.

Diese Archaik vollzieht sich bei jeder Begegnung mit einem Unbekannten. Dabei spielt die Erwartung, die wir dabei vielleicht hegen, keine Rolle. Der Schrecken der Blindheit liegt deshalb weniger in der Orientierungslosigkeit als in der Beraubung um diese elementare Möglichkeit, den anderen zu identifizieren. Es ›steht ins Gesicht geschrieben‹, wer einer ist. Wer es nicht sehen, wer nicht ›lesen‹ kann, was dort steht, wird – diesen – Menschen nie kennen. Diese Identifikation ist durch keine andere, noch so intensive Intimität ersetzbar. Der notvollste Moment muss für den Partner eines Blinden, der sein Augenlicht zurückerhält, der Augenblick sein, in dem dieser ihm das erste Mal ins Gesicht sehen wird: denn er wird erkennen, was er bis dahin nur kannte.

Der Blick beglaubigt. Thomas, der Ungläubige, musste sehen, bevor er glauben konnte, was er doch wusste; Paulus aber, der sie gehört hatte, wie ein Mensch hört, was ein anderer ihm sagt, musste für eine Zeit erblinden, um die Offenbarung seines Herrn in sich aufnehmen zu können.

Im Blick, den wir erwidern, zeigt sich uns das Leben des Menschen, der uns anschaut. Und in der Erwiderung unseres Blickes erfahren wir die Bestätigung unserer Person. Sie lässt die gesprochene Liebeserklärung erst wirklich werden. Der Kuss beglaubigt sie, indem er die Lippen verschließt; sie können jetzt schweigen, weil der Blick das Gesagte besiegelte. Selbst im Dunkeln suchen Paare ihre Gesichter, sie schauen einander an, auch wenn sie sich nicht sehen können, und das erste, was wir tun, wenn der Mensch, dessen wir in einer Notlage am meisten bedürfen, erscheint, ist, ihm ins Gesicht zu sehen: es versichert uns seiner und unserer eigenen Wirklichkeit. Erst sein Blick macht den Gegenwärtigen vorhanden. Finden wir ihn nicht, so können wir noch so anwesend sein, da werden wir nicht sein. Jemandem seine Verachtung zu zeigen, lässt uns ›durch ihn hindurch sehen‹.

Das ließ »*Ich schau dir in die Augen, Kleines*« zum berühmtesten Satz der Filmgeschichte und eine mittelmäßige Kolportage zu einer ihrer Ikonen werden, ungeachtet der Lächerlichkeit der hölzern angestrengten Geste, mit der ein kleiner Mann ihn einer großen Frau in ein abwehrend verhangenes Gesicht sagte.

Nur im Gesicht entsteht und finden wir die Gewissheit der Verbindlichkeit, die es wenigstens in einem Fall zwischen einem selbst und einem anderen Menschen geben muss, um leben zu können. *Es gibt ein untrügliches Zeichen, an dem du erkennen kannst, daß du jemanden wirklich liebst: wenn sein Gesicht mehr physische Begierde in dir erweckt als sonst irgendein Teil seines Körpers* (Tournier, Schloss, 194).

Wer einem anderen den Blick verweigert, der enthält sich nicht nur vor, der weist, meist aus Schutzbedürfnis, nicht nur ab; er nimmt dem anderen dessen eigene Wirklichkeit. Zwei, die einander nicht ansehen, gibt es nicht. Das zerstrittene Paar, das sich in einer Gruppe von Menschen im selben Raum befindet, bleibt unbemerkt, bedacht, wie die beiden darauf sind, sich nicht anzusehen; mit Erstaunen wird der Beobachter sie einander zugehörig finden.

Am Verborgensten ist, wer niemanden ansieht; unwirklich, wer von niemandem angesehen wird. Aus einer Gemeinschaft ausgestoßen ist, an dem vorbei sieht, wer immer ihm begegnet.

Der Tod ist blicklos. Er ist eingetreten, wenn ›der Blick erloschen‹ ist.

Das Gesicht ist die Zone der intensivsten und der verlässlichsten Verbindlichkeit, die es zwischen Menschen geben kann. Zwei, die einander suchen, müssen ›tiefe Blicke‹ tauschen. Zu einer auf Verbindlichkeit und gegenseitige Verlässlichkeit angelegten Erziehung gehörte deshalb einmal die Ermahnung an das störrische Kind: ›*Sieh mich an, wenn ich mit dir rede!*‹. Woran uns gelegen ist, dass der andere es unmissverständlich als unseren Ernst verstehe, dem müssen wir es ›ins Gesicht sagen‹.

Man mag sich noch so sehr verstellen, aus Berechnung, aus Verlegenheit, aus Gemeinheit oder Charakterschwäche – es hilft nichts, das Gesicht, das wir dabei machen, ist das offene Geheimnis des eigenen Seins, das jeder jedem zeigt. Zu lesen, was einem ›ins Gesicht geschrieben steht‹, einen zu erkennen aus Äußerungen, die sich nicht beherrschen lassen, ist deshalb eine Urfähigkeit. Sie antwortet der Urnotwendigkeit, wissen zu müssen, woran man mit denen ist, mit denen das Leben einen zusammenführt. Die Kunst des Gesichterlesens ist eine Gabe, über die fast jeder in vollkommener Unwillkürlichkeit verfügt. Sie ist desto zuverlässiger, je unwillkürlicher sie geübt wird. Aus der Gabe ein Verfahren der Erkenntnis machen zu wollen, gar eine Wissenschaft, wie das 18. Jahrhundert sie mit Lavater begeistert entdeckte und deren Unmöglichkeit von Lichtenberg sich sogleich darlegen lassen musste, zerstört dagegen, worüber wir verfügen müssen.

Jedes Leben prägt in einzigartiger Plastizität sein Gesicht, in jedem Gesicht ist das Leben dieses einen Menschen sichtbar;

lesbar aber nur mit der immer brüchigen Gewissheit einer durch Lebenserfahrung klug gewordenen Intuition. Auf sie darf man sich verlassen; den anderen aber auf sie nicht festlegen, will man nicht riskieren, ihn vollkommen zu verfehlen. Deshalb kann man denen, die einem wertvoll sind, nicht oft genug ins Gesicht sehen, um immer wieder aufs neue in ihm zu suchen, was man in ihm gefunden zu haben glaubt.

Wer sich darauf versteht, wird in einem Gesicht den ganzen Menschen sehen. Der Physiognomiker sieht Wesen, nicht Eigenschaften. *Unser Auge, soll das heißen, liest nicht ab, deckt nicht auf oder zu, bohrt und entlarvt nicht. Oder was dasselbe ist: wir sehen, wenn wir sehen, nicht Ursache und Zweck, Anfang und Ende, und zwar nur darum nicht, weil das Sehen sich stets auf eine bewegte Welt, auf eine Welt in der Bewegung und niemals unmittelbar auf eine in ihren Eigenschaften und durch sie abgegrenzte und aus ihnen bestehende Welt bezieht oder beziehen kann* (Kassner, Versuche, 95).

Ein alter Sprachgebrauch identifiziert das Gesicht mit dem Blick. Einer, der ›Gesichte hat‹, wird von unwillkürlichen Erscheinungen geplagt, von Ansichten und Bildern einer Einbildungskraft, die der persönlichen Willkür entzogen ist und Erscheinungen als Ereignisfeld dient, deren Herkunft außerhalb des Erkennbaren liegt.

Das Gesicht ist der intimste Besitz eines Menschen, nicht das Geschlecht. Das teilt jeder Mensch mit allen anderen. Deshalb regt die Scham des Nackten sich im Erröten des Gesichts. Die Scham, mit allen Menschen zu teilen, worin man sich einzigartig wünscht, zeigt sich dort, wo man es ist. Sein Gesicht hat man allein.

Es zeigt einen immer als den, der man ist. Durch alle Beherrschung, alle Kontrolle, alle Verstellung, alle Verschlagenheit hindurch. Es zeigt einen um so mehr, desto ›beherrschter‹ es sich anderen darbietet. So unvermeidlich es ist, immer wieder ›ein Gesicht aufzusetzen‹, darauf bedacht zu sein, dem anderen etwas

Bestimmtes zu zeigen, damit er das eigentlich Gegebene übersehe, so vergeblich ist dieses Bemühen. Ist man einem nicht wohlgesonnen, so wird das freundliche Gesicht, das man ihm ›zeigt‹, ihn darüber nicht täuschen, versteht er sich auf Menschen. Es gibt kein Verstecken, hinter willkürlich-unwillkürlichem Mienenspiel, hinter Pokerface, Sonnenbrille oder Vollbart. Auch der Beherrschteste muss sich zu erkennen geben, wenn ihm ›der Schrecken ins Gesicht geschrieben steht‹.

Wer sein ›Gesicht verliert‹, ist nicht nur in vollkommener Nacktheit erkannt, dessen Person bricht zusammen. Nichts Vernichtenderes kennt der Asiate, dem der Gesichtsverlust gleichbedeutend mit der Zerstörung seiner Person ist, und für das Mitglied der höchsten Aristokratie einst die Pflicht zur Selbstauslöschung nach sich zog. Ein verstehender Blick, dessen unerwünschte Einsicht wir gesehen haben, und alle Bilder, die wir den anderen von uns gaben, sind hinfällig. Unser Gesicht ist unser offenes Geheimnis, das wir vor uns hertragen, solange wir leben. Das Gesicht ist der Sitz der Individualität.

Der Blick kommentiert, was der Mund spricht. Er sagt, was der Mund nicht spricht.

Das erste, was in der Erinnerung an einen verlorenen Menschen verblasst, ist sein Gesicht, weil wir darin den bevorstehenden Verlust schon gesehen haben, längst bevor wir an ihn als an ein mögliches Ereignis zu denken in der Lage waren. Das Gesicht eines Menschen, der sich uns verweigert, können wir uns nur schwer, und schon bald gar nicht mehr vergegenwärtigen.

So wird der Blick, der uns nicht verwirklichte, leer, und wir mit ihm. Wem das widerfährt, dessen Gesicht erlischt. Und lange wird kein anderer sich in ihm wiederfinden können.

Michel *Tournier*, Die Schlüssel und das Schloss. Texte zu Bildern, München 1980

Rudolf *Kassner*, Drei Versuche zu einer Philosophie der Gestalt, in: ders., Das physiognomische Weltbild, München 1930

Das zweite Gesicht

Der Erkenntnistrieb ohne Auswahl steht gleich
dem wahllosen Geschlechtstrieb –
Friedrich Nietzsche
Aufzeichnung Sommer 1872

Gibt es einen erregenderen, einen verheißungsvolleren, einen *schöneren* Anblick für einen Mann als den des sich ihm öffnenden Geschlechts einer Frau? Nichts sieht er so gerne, und keinen Anblick wünscht er sich stärker zu verschaffen.

Wer das nicht glauben mag, den belehrt ein kurzer Ausflug ins pornografische Universum des worldwideweb, dessen einschlägige Bilderflut vom Angebot einer überall und jederzeit verfügbaren Scheinsichtbarkeit des am meisten zu sehen Begehrten lebt.

Der Blick ins Gesicht der Frau, die einem auffällt, gilt auch ihrem zweiten Gesicht, mag einer, der hinschaut, dabei daran denken, oder nicht.

Was der begehrliche Blick des Mannes sehen will, sind die Genitalien der Frau (1). Nicht erst der ›begehrliche‹ Blick; der Blick, den ein Mann auf eine Frau richtet, *wird* in dem Moment begehrlich, in dem er in ihrem Gesicht das Nachbild ihres verborgenen Geschlechts wahrzunehmen beginnt; in dem er beginnt, in ihm ihr zweites Gesicht zu suchen.

Ihr beim Reden zuzuschauen, ihre Lippen in Bewegung zu sehen, wird zu einer seine Möglichkeit erwägenden Vorschau auf das Spiel mit ihren anderen Lippen. Kommt es dazu, sucht die Hand im Vorspiel den Zielort des Begehrens und bemächtigt sich seiner in stellvertretender Vorwegnahme, während die Blicke der

Partner sich in der Erforschung ihrer Gesichter treffen.

In dieser Perspektive lässt Schillers traditionell als Warnung vor der Lebensunzuträglichkeit der Wahrheit verstandenes Gedicht ›Das verschleierte Bild von Sais‹ sich als versteckter Hinweis auf den erotischen Ursprung des männlichen Erkennens lesen. *Sagen wir es gleich unverblümt: Das Ziel der »Forschbegierde« ist ein sexuelles. Das erkenntnisleitende Interesse ist determiniert durch die Absicht einer sexuellen Wunscherfüllung. Das Erkenntnisobjekt ist das Objekt eines sexuellen Begehrens* (2).

Nach dem Fall des ›sittlichen‹ Tabus, der wenigstens den Blick freigab, steht der Anerkennung der elementaren Schönheit der Vulva erstaunlicherweise eine Anthropologie der Erotik entgegen, deren Scharfsicht ausgerechnet eine psychoanalytische Spekulation trübt. In seiner grundlegenden Studie über ›Baubo. Die mythische Vulva‹ hat Georges Devereux die Korrespondenz von Gesicht und Genital auf das Phänomen des Erschreckens eingeengt.

Was die Baubo zeigt, ist nicht »schön«. Von »Schönheit« kann jetzt überhaupt nicht mehr die Rede sein. Es ist auch nicht häßlich. Ästhetische Kategorien sind hier nicht mehr am Platze. Es ist sinneverwirrend. Wir haben den Punkt erreicht, an dem wir erkennen können, daß es offensichtlich einen Gegensatz von Geschlechtlichkeit und Schönheit, von Sexualität und Ästhetik gibt, greift Nicolaus Sombart Devereuxs Spekulation in seiner Untersuchung über die »schöne Frau« auf (3).

Der Anblick der weiblichen Geschlechtsorgane ruft die heftigsten Unlustgefühle hervor! Wenn er fasziniert, so erschreckt er auch. Der Ort lustvoller Insinuation wird perzipiert als blutige Wunde, als gähnende Öffnung, als ekliges Loch, als verschlingender Schlund. Die höchste Glücksverheißung wird aufgehoben durch schreckliche Unheilsdrohungen. Er will es »sehen« – aber er kann den Anblick nicht ertragen. Er kann das nicht sehen, was er wirklich sehen möchte. Da liegt das Paradoxon des männlichen Begehrens und der Unzuträglichkeit der »Wahrheit« (4).

Das mag immer wieder einmal *eine* männliche Erfahrung sein; aber ist es auch die Bestimmung *der* männlichen Erfahrung? Die ›Störung‹ des Neurotikers, dessen Wahrnehmung die Folie beider Untersuchungen bildet, ist immer die Offenbarung des ›Normalen‹ durch Umkehrung dessen, wozu er nicht in der Lage ist. Sein Erleben kehrt hervor, was in seiner scheiternden Anstrengung ›eigentlich‹ gemeint ist. Die anthropologische Bestimmung liegt gerade in dem, was ihm misslingt. Er empfindet die Vulva als ›hässlich‹, weil er nicht zu sehen vermag, was sie ist. Die ›Hässlichkeit‹ der Frau ist ein projiziertes ›Unvermögen‹ des Mannes.

Der »zentrale Ort« ist angstbesetzt. Man könnte glauben, er sei die Matrize aller Ängste (5).

Aber man muss nicht.

Sombart hält sich an Freuds Mythos vom »Kastrationsschreck beim Anblick des weiblichen Genitales«.

Die Vulva signalisiert dem Manne nicht nur eine Gefahr, sie ist auch eine Gefahr. Sie ist die Gefahr, die das Tabu, das darauf gelegt ist, anzeigt. Und in ihrer Größe seiner Strenge proportional. Welche Gefahr? Die Gefahr für den Mann mit dem Attribut seiner Männlichkeit, diese selbst zu verlieren. Die Vulva ist in den Augen des Mannes die Kastrationswunde und die Kastrationsdrohung (6). In deren Bann kann es keine Schönheit geben.

Ist sie das?

Der theoretischen Stringenz widerstreitet einfache Empirie. Das Geschlecht der Frau, die das Begehren weckte – und es ist immer die Wahrnehmung ihrer ganzen Person, die es weckt – , dessen Ansicht es nur noch stimulieren oder löschen kann, ist immer »schön«, hält das Begehren stand.

Es verhält sich umgekehrt als die psychoanalytische Theoriebildung es will. Nicht die Ambivalenz des Sexuellen, das zwischen Lockung und Abstoßung, zwischen Lust und Angst oszilliert, woran als Befund kein Zweifel ist, setzt die Schönheit außer Kraft.

Der Anblick des weiblichen Genitals, der sich ›aushalten‹ lässt, ohne die Angst über die Lust triumphieren zu lassen, ist das Urbild aller männlich wahrnehmbaren Schönheit.

Schönheit liege im Auge des Betrachters, heißt dann, dass sie im Blick des Mannes liegt, der im Gesicht der Frau, das er betrachtet, nach deren zweitem Gesicht sucht, nach Hinweisen darauf forschend, ob er ›aushalten‹ wird, wonach es ihn verlangt.

Das stimmt zu der Vermutung erotischer Herkunft des Erkennens. Es erklärt vor allem die Unstillbarkeit des Erkenntnisbegehrens, das sich ebenso erneuert wie das sexuelle, kaum dass es befriedigt wurde. Die Neugierde hört nie auf. Bleibt sie unbefriedigt, sucht auch sie sich andere Objekte.

Wer einmal das weibliche Geschlecht sah, und nicht nur sah, sondern mit allen seinen Sinnen in sich aufnahm, der wird bei jedem weiteren nichts anderes als beim ersten Mal zu sehen bekommen, sondern dasselbe, nur anders. Und doch wird er nicht aufhören, es sehen zu wollen, immer wieder, weil er bei keinem Blick, den er sei es auf eines, sei es auf viele richtet, alles zu sehen bekommen wird, wonach er Ausschau hält.

Darin liegt das eigentliche Geheimnis des genitalen Wiederholungszwanges, den die Physiologie der Fortpflanzung allein nicht verständlich machen kann, die die Wiederholung der Begattung zur Gewährleistung der Befruchtung erfordert. Wir müssen immer wieder sehen wollen, nicht nur, weil wir luststimulierend nie genug, sondern weil wir nie das Wichtigste zu sehen bekommen: weshalb nämlich dieser Ort der »zentrale Ort« ist, *um den jede Gesellschaft ihre spezifische Ordnung, ihr System von moralischen und sexuellen Normen und Verboten strukturiert, um ihn organisiert sich das Spiel von Verhüllung und Enthüllung, die Vorstellung von Sein und Schein, ihr Begriff von Wahrheit und Lüge* (7).

Das Geschlecht der Frau ist der Sitz der Wahrheit des männlichen Seins. Aber es gibt diese Wahrheit, die zu kennen für ihn das wichtigste wäre, nicht preis. Immer wieder muss er an ihm sehen, muss er in ihm spüren, was er dabei doch immer erfährt, aber nie begreifen wird. Immer will er noch einmal sehen und spüren, weil er bei jedem nächsten Mal zu finden hofft, was er beim ersten Mal und allen, die darauf folgten, vermisste, ohne doch zu wissen, was er zu sehen, was er zu spüren hofft.

Deshalb ist das zweite Gesicht, das einen nicht abstößt, immer schön. Die Schönheit versöhnt mit der Unmöglichkeit der Erkenntnis. Das reine Erlebnis der Lust versöhnt mit dem Zwang der Überwältigung, unter der sie immer wieder erstrebt werden muss, der niemand sich entziehen kann.

Baubos Horror, der Schrecken, den die Vulva wecken kann, sitzt woanders als im Genital des Mannes, der um dessen Verlust fürchtet. Eine solche Furcht ist schon deshalb empirisch von geringer Wahrscheinlichkeit, weil tatsächliche Fälle von Kastration nicht zum Bestand der kollektiven Erinnerung gehören, aus der die Psyche des Einzelnen sich gattungsgeschichtlich speist. Sie gehört nicht zu den Beständen an Vorsicht und Grundwissen, die eine Generation der nächsten weitergeben muss, sie ist nicht Bestandteil dessen, womit sie in ihrem Leben zu rechnen hat und worauf sie vorzubereiten wäre. Hat je ein Vater einen Sohn, der seine erste Freundin mit nach Hause brachte, davor gewarnt, er könne sein Genital in ihrem verlieren? Die ›Kastrationsangst‹ ist eben ein Mythos, eine Geschichte, die eine Unverständlichkeit beruhigt. Und von nichts ist der gattungsgeschichtlich durchschnittlich primitive Mann so überzeugt wie gerade von der Unanfechtbarkeit seiner Potenz.

Es ist ein anderer Schrecken.

Auch er kann potenzbeeinträchtigend sein, wie Stendhal es in seiner berühmten Theorie des ›Fiaskos‹ beim ersten Mal beschrieb, das den übererregten Liebhaber mit plötzlicher Unfähigkeit demütigt.

Statt Angst vor möglichem Verlust dessen, was seinen Dienst versagt, überwältigt ihn eine Urbeschämung, von der morphographischen Katastrophe in der Menschwerdung verschont geblieben zu sein, die in den Körper der Frau ihr Geschlecht als Wunde schlug. Eine Wunde, die sich nie schließt, und deren Bestimmung es ist, immer wieder geöffnet zu werden. Erst die Erfahrung, dass der Vollzug des männlichen Anteils an dieser Bestimmung keine neue Verletzung zur Folge hat, kann der Lust freie Bahn geben.

Die Angst dabei ist vor allem der Affekt, in dem sich die Drohung des im Hintergrund wirkenden Naturprogramms äußert: wird das Männchen auch in der Lage sein, seine Gattungspflicht ordentlich zu erfüllen? Sie verminderte sich bis an die Grenze des Verschwindens in dem Maß, in dem die Erotik sich von der Fortpflanzung emanzipieren konnte – und kehrte als Folge der dadurch möglich gewordenen Emanzipation der weiblichen Sexualität als Unsicherheit des Mannes wieder, deren Ansprüchen auch genügen zu können, was zu einer Bedingung dafür wurde, als ein Partner der Lust in Frage zu kommen.

Die Situation des ersten Anblicks ist eine, in der man der Schönheit *bedarf*. Sie hilft dem Begehren über das Erschrecken vor der Urwunde der Frau hinweg. Als müsste der Mann ermutigt werden, zu tun, was er will, weil er muss.

Deswegen ist die Schönheit ihres Geschlechts die übliche Wahrnehmung, und nicht deren Ausnahme, die ein Mann an einer Frau macht, die sein Begehren teilt.

(1) Nicolaus *Sombart*, Die »schöne Frau«. Ein Beitrag zur Sexualpsychologie der Erkenntnis, in: Dietmar Kamper / Christof Wulf, Hg., Der Schein des Schönen, Göttingen 1989, 346-379; 360
(2) a.a.O., 349
(3) a.a.O., 362
(4) a.a.O., 363
(5) a.a.O., 365
(6) a.a.O., 366
(7) a.a.O., 356

Das Wichtigste zuletzt

Leider betrachten wir unsere Toten nie genug.
Paul Léautaud, ›In Memoriam‹

Das letzte Gesicht ist keines mehr. Und zeigt doch, wonach jeder Blick ins Gesicht eines Menschen sucht.

Die Erstarrung des Totenantlitzes, aus dem die Bewegtheit des Lebens gewichen ist, schockiert nicht nur durch die Endgültigkeit des nicht mehr Veränderbaren. Sie schockiert vor allem durch die Verzerrung des Bekannten, gar Geliebten, in die Unkenntlichkeit einer unglaubwürdigen Gewissheit. Er ist es, und ist es nicht.

Das ist der Mensch, den wir kannten. Aber da er Mensch nun nicht mehr ist, der Blick in sein Gesicht nicht mehr erwidert wird, ist es, so bestimmt es doch sein Körper ist, nicht mehr seines, als das es uns bis hierher durchs Leben begleitete.

Dieses Gesicht, mit dem er sich, so lange erwartet und dann doch unverhofft, in die Ewigkeit davonmachte, hat er im Leben nie gezeigt. Und doch ist es unverkennbar seines.

Leben kann den Tod nicht zeigen, nicht einmal darstellen, daran muss auch der genialste Schauspieler scheitern. Der Tod aber kann zeigen, was ein Leben war.

In der Starre der Verzerrung ist dieses fremdeste Gesicht so sehr seines, dass es nun in einem einzigen, alles zusammenfassenden Ausdruck sein gesamtes Leben zeigt, dessen Weichen aus seiner Körperhülle die Verfremdung des letzten Gesichts zu diesem einzigen Bild des Ganzen formte.

An dieser Bildung, die sich als Letztes an einem vollzieht, ist man nicht mehr beteiligt, sie ist reines Geschehen. Es geht einen nichts mehr an, nur die, die zurückbleiben. Aber in dieser Abgelöstheit gerade will es scheinen, als sei dieser Ausdruck eines Lebens, den sein Verlöschen in das letzte Gesicht eines Menschen prägt, das Bedeutendste dieses Lebens, sein geheimes Ziel, auf das alles in ihm ausgerichtet ist. Als wäre alles dazu bestimmt, dieses Letzte zu ermöglichen.

Dann käme alles im Leben darauf an, Sorge dafür zu tragen, was unser letztes Gesicht sehen lassen wird, unkorrigierbar – : Lebe so, dass du das Bild deines Lebens, das dein letztes Gesicht zeigen wird, als deines beglaubigen könntest: Ja, das bin ich gewesen.

All unser Mienenspiel, alles Grimassieren, jeder Lidschlag, jedes Mundwinkelzucken und jedes lächelnde Fältchenkräuseln um die Augen – all das ist erprobende Vorübung zu jenem letzten Ausdruck in dem Gesicht, das wir der Welt als unser endgültiges zeigen werden.

Wenn sie hinschaut.

Da es immer mehr gibt, die betrachtet sein wollen, um der wichtigsten aller Erkenntnisse teilhaftig zu werden, zu erfahren, wer einer war, werden immer weniger und immer kürzer hinsehen.

Bis die letzten Toten gesichtslos sein werden, weil niemand sie mehr sieht.

Gerade genug
oder
Was wollen wir wissen ?

Wissen verschafft Macht, und bringt ins Verderben. Zur rechten Zeit erworben und genutzt, bringt es uns, wohin immer wir wollen; zur Unzeit bemerkbar geworden, bringt es um Glück und Leben. Die Gabe des Wissens hat ihr Janusgesicht wie alles, was sich besitzen, aber nicht beherrschen lässt.

Fragen geben ihre Antworten vor. Denn sie werden aus Wissen heraus gestellt. Auch hier gilt, dass nur der etwas erfahren und erkennen kann, der schon erfahren und erkannt hat. Man muss schon etwas wissen, um nach anderem oder nach mehr Wissen fragen zu können. Nur eine Frage, die aus reinem Nichtwissen gestellt würde, wäre in ihrer Beantwortung offen. Aber wer nichts weiß, kann auch nichts fragen.

Wer fragt, will wissen, was verständlich oder anwendbar macht, was er schon weiß. Man muss wissend sein, um den Gedanken haben zu können, man müsse etwas wissen wollen. Nur wer weiß, kann wissen, dass es nicht ausreichen kann zu wissen, was man schon weiß, und es geboten sein kann, sich darum zu bemühen, mehr zu wissen. Ein Wissenwollen muss auf dieses Mehr gerichtet sein, und nur, wenn dieses möglich ist, hat das Wollen seinen Sinn.

Man müsste alles, was sich überhaupt wissen lässt, in Erfahrung gebracht haben, um wissen zu können, was zum vollkommenen Wissen noch fehlt, um dieses Wissen wirklich zu wollen: nur Weisheit oder Göttlichkeit von der Art des christlichen Schöpfers kann ein Wissen als fehlend erfahren.

Aber warum könnte einer wünschen, etwas endlich zu wissen, was er noch nicht weiß ? Doch nur, weil er bereits weiß, was ihm so sehr abgeht, dass er sich darum bemüht, es zu erlangen.

Wollen ist immer Antwort, Reaktion auf eine Sehnsucht. Entbehrtes will endlich besessen sein. Was immer es sei, sein Grenzwert ist Glück oder wenigstens Wohlbefinden. Diese Sehnsucht regiert auch den Willen zu wissen: durch Kenntnisse weniger unglücklich sein zu können. Und wiederum: nur wer schon durch Wissenserwerb Unglücksverminderung oder Glückszuwachs an sich erlebt hat, ist zu fortgesetzter Erweiterung seiner Kenntnisse motiviert.

Wer danach fragt, was wir wissen wollen, setzt voraus, *dass* wir wissen wollen. Er folgt der realistischen Schlussform, analog dem ontologischen Gottesbeweis: da gefragt wird, da es Institutionen des Wissenserwerbs gibt, gibt es eine elementare Motivation zum Wissen.

Man hat das den Wissenstrieb genannt.

Ursprünglich ist der Wissenstrieb ein Trieb als unkontrollierter, Willen und Bewusstsein entzogener Beweggrund, kein Trieb als Antrieb aus Vorbedacht, aus Absicht: wir *müssen* wissen. Weil wir das spüren, bemühen wir uns darum – soweit und so lange, bis wir spüren, nun wohl genug zu wissen, um erfüllen zu können, wozu wir wissen müssen.

Wir fragen also, weil wir wissen *müssen*. Die elementarste Motivation zum Wissenserwerb ist die Nötigung zu ihm: wer nichts wüsste, könnte nicht leben.

Der Wissens*trieb* ist eine Wissens*nötigung*: Dummheit bestraft das Leben, das erfährt auch der Dümmste. Er weiß es dann zwar, verfügt aber über keine Möglichkeit, die Ursache seiner Benachteiligungen zu beseitigen. Deshalb wird er gemein gegen seinesgleichen, ist er charakterschwach.

Darin gründet die Weisheit der christlich-katholischen Auffassung von der Dummheit als einer Sünde, nach der das menschliche Leben, das sich durch die Gabe der Intelligenz vor allem auszeichnet, als Geschenk ein Wert ist, der Wert schlechthin, weshalb es keine größere Sünde geben kann als die, sich dieses Geschenkes unwert zu verhalten.

Aber wer ist »wir« ?

Der Plural steht für keine Vielzahl von Individuen, sondern für ein Kollektiv: die Angehörigen der europäischen Kultur. Die Frage lässt sich nur an diejenigen richten, für die es bedeutsam sein kann, sich um Wissen zu bemühen. Das aber sind nur die – gemessen an der Weltbevölkerung aller Zeiten – wenigen Europäer in der – gemessen an der Dauer der bekannten Weltgeschichte – kurzen Periode seit dem 14. Jahrhundert christlicher Zeitrechnung.

Nur Kenntnisse sind individuell; Wissen ist kollektiv.

Aus der Notwendigkeit, zu wissen, um leben zu können, wurde, je neuzeitlicher Europa wurde, das Recht, zu wissen, um immer besser leben zu können: Unsere Kinder sollen lernen, damit sie es einmal besser haben.

Von Francis Bacons Begründung der Wissenschaften an über die Arbeiterbildungsvereine bis zur Behebung des Bildungsnotstandes vor vierzig Jahren als Vehikel des sozialen Aufstiegs ist der Kern des mächtigen Wissens die Verkennung von Wissen und Bildung gewesen: die Unwissenheit, der es nicht dämmert, dass ein Wissen ohne Bewusstsein seiner Bedeutung ohnmächtig ist. Diese Verkennung hat in der Verwechslung von Formen mit Inhalten über dreißig Jahre hinweg dahin geführt, dass die Mittel zu ihrer Behebung zur wirklichen Bildungskatastrophe ausschlugen. Gebildet ist nicht, wer Wissen erworben hat, sondern sich und all denen, die es angeht, Rechenschaft darüber abzulegen weiß, warum er tut, was er aufgrund seines Wissens tut: der sein Leben, in jedem hier mitschwingenden Wortsinn, zu begründen weiß.

Wissen ist immer Anwendungswissen. Das mächtigste Wissen liegt in der Kenntnis dessen, was die anderen jeweils wissen, mit denen einer auf seinen Wegen zu tun und zu rechnen hat. Deshalb ist die wichtigste List in allen Kämpfen die gezielte Desinformation, den Gegner glauben zu machen, dass man nicht wisse, was man wirklich weiß.

Die Sorge um das, was Zukunft bringen oder noch weiter vorenthalten könnte, hat die »Neugierde« als Inbegriff des Wissenstriebes, der den Nötigungen der Selbsterhaltung Folge leistet, zum Wert einer Gesellschaft gemacht, die die Welt nicht lassen wollte, wie sie sie vorfand, sondern neu gestalten, um in ihr immer weniger fürchten zu müssen, nicht in ihr leben zu können.

Wir sollten also wissen wollen. Und wir beginnen, es in dem Maß zu wollen, wie wir die mögliche Nützlichkeit von Wissen an uns selbst angenehm erleben. Das Wissen, das daraus entsteht und weitergegeben wird, desto länger es sich bewährt, bildet einen cordon sanitaire von Erinnerungen an die erfolgreichen Mittel, Übel zu überstehen oder Genüsse zu erlangen.

Wenn wir etwas *wissen* wollen, dann, ob Vermutungen, die wir hegen, stimmen – um das, was sich als zutreffend erweisen lässt, dafür nutzen zu können, etwas zu erlangen, das wir *wollen*. Regent des Wissens ist das Wollen. Immer.

Wissen wollen »wir« nur das, was uns ermöglicht, zu erlangen, was »wir« *wollen*.

Den Namen und die Telefonnummer der Frau, die uns erregt; was man dem Prüfer sagen muss, damit man besteht und das Diplom erhält; wen man nicht übergehen darf, wen man besonders hofieren muss, um auf einen Posten zu gelangen; was zu glauben ist, um des Heils teilhaftig zu werden; wie eine Spur aussieht, die zu der Tränke des Wilds führt, das zu erlegen ist, um über den Winter zu kommen; was zu tun ist, um Lebensmittel haltbar zu machen; wie man sich zu verhalten hat, um beliebt zu werden; welche die auszunutzenden Schwächen dessen sind, von dem das Fortkommen abhängt; welche Befunde die Vermutungen bewahrheiten.

Im procedere der Wissenschaften heißt die Stellvertreterin des Wollens *Hypothese*. Alle Anordnungen, die ersonnen werden, um Wissen zu erlangen, folgen der Ausfaltungslogik eines *Angenommen*. Das experimentelle Durchspielen des Vermutbaren öffnet die Wege hin zur Erweiterung dessen, was schon gewusst wird.

Wollen wir wissen, dann das, was uns die Welt: unsere Welt, erschließt. Da wir nicht wissen, was das ist, das Objekt unseres Wissenstriebs nicht kennen, müssen wir forschen.

Da »wir« aber keine Zukunft mehr haben, wollen wir immer weniger wissen: eigentlich gar nicht *mehr*, sondern nur noch, wie sich am besten nutzen lässt, was wir schon wissen.

Aber es gibt keine Zukunft mehr. Deren Vorstellung ist an die Voraussetzung gebunden, dass es *nach* «uns« noch *unseresgleichen* geben wird, so, wie wir uns als Nachfahren von Menschen verstehen, die von unserer Art waren, aus deren Leben wir hervorgingen.

Das aber wird mit jedem neuen biochemischen Fortschritt unwahrscheinlicher. Für die Menschen, die nach uns leben werden, wird es nicht mehr selbstverständlich sein, dass sie ebenso noch von unserer Art sind, wie wir von der unserer Ahnen waren. Zukunft haben, heißt, auf Nachfolge vertrauen können. Dies gilt nun nicht einmal mehr von Nachkommen im unmittelbar genealogischen Sinn, seitdem es möglich wurde, Kindern Eigenschaften zu verschaffen, die sie allein aufgrund der biologischen Beschaffenheit der an ihrer Zeugung Beteiligten nicht hätten.

Nur eines aber wollen wir wirklich wissen: wann wir aufhören können, Wissen zu erlangen. Die vom ersten Weimarer Klassiker, Christof Martin Wieland, zuerst beschriebene Kunst aufzuhören, ist nicht nur ein ästhetischer Maßstab, als den er sie sah. Sie ist ebenso eine Maxime der Lebensklugheit. Zu dieser gehört vor allem, zu wissen, was man besser nicht – mehr – weiß. Nicht jedes Wissen ist für jeden gleich und jederzeit zuträglich. Die Neutralität des Wissens gibt es nicht. Sie war ein Stück Mythos des mächtigen Wissens, das den sozialen Fortschritt, die Ausdehnung der Freiheit von den wenigen auf die vielen zu bewerkstelligen half.

Als Kinder des erlangten Fortschritts wollen »wir« nur noch wissen, was uns Wohlbehagen und ungestörten Schlaf, ein ruhiges Gewissen verschafft: den Grund gerechtfertigter Verantwortungslosigkeit – dass es ganz in der Ordnung ist, nicht mehr wissen zu wollen, als man zu wissen hat, um angenehm zu leben.

Muss ich das wissen? Die schieflippige Frage juveniler Gleichgültigkeit entspricht einem elementaren Gebot der Lebensklugheit: gerade nur so viel zu wissen, dass es einen nicht schädigen kann. Im Wissen liegt Macht und Verderben. Wissen wollen »wir« nicht, was wir wissen können – das ist idealischer Philosophenselbstbetrug ad gloriam scholae –, sondern was zu wissen ausreichend ist: um Erfolg zu erreichen und Verderben zu vermeiden.

Wir wollen nur gerade so viel wissen, um »mitreden« zu können, um uns als Angehörige des Kollektivs zu erweisen, das uns zu leben ermöglicht; um dabei sein und bleiben zu können. Wissen des Wahren und Guten, die Verbindung beider zur Tugend, war das Ideal, mit dem Sokrates die gelangweilten Sprösslinge des athenischen Adels zu disziplinieren suchte, war Selbstverklärung einer Elite innerhalb der Elite der antiken Sklavenhaltergesellschaft. Dass zu wissen für den Besitz des Guten qualifiziere, ist seitdem die Lebenslüge aller Pädagogik.

Wissen ist gerade deshalb kein Bedürfnis, weil es aus der Bedürftigkeit stammt. Es ist jenes um so viel weniger, als diese an Erfahrbarkeit verliert.

Deshalb gilt: wollen wir wissen, dann gerade genug.

Eingelebt in die Selbstverständlichkeiten unserer Lebensformen, deren Herkunft aus einem Jahrtausende alten Prozess der Überwindung ursprünglicher Lebensnot niemand ihnen mehr anmerken kann, reicht es uns, gerade so viel zu wissen, wie erforderlich ist, um sich der Institutionen zu bedienen, die es dem Einzelnen abnehmen, für seine Lebensmöglichkeit selbst zu sorgen. Wir können uns um das Wie bemühen, da wir uns mit dem Ob nicht mehr abmühen müssen. Daran ändert die Episode ›ökologischen‹ Denkens nichts.

Folgt daraus etwas ?

Wenigstens, und jedenfalls, dass es eine Antwort auf diese wie auf jede mögliche Frage sonst nicht geben kann, ohne dass wir etwas wissen wollen, wenn wir es überhaupt wollen, weil wir gerne wüssten, welche Menschen wir sind. Nicht als Individuen, sondern als Angehörige von Kollektiven, die das Leben in seinen Möglichkeiten und Formen ordnen.

Das heißt nicht, dass es für eine Antwort immer eine bestimmte, vorweg festliegende und benennbare »Anthropologie« geben müsste. Was wir wissen wollen, hängt davon ab, ob wir wissen wollen, *wer* da gegebenenfalls etwas wissen will. Und: ob dieses Wissenwollen mit dem verbunden ist, was einer *ist*. Oder wenigstens mit dem, was er sein will. In der Korrelation eines Wissens mit dem Sein dessen, der es hat oder zu haben erstrebt, wird es zu fruchtbarem Besitz.

Die Frage nach dem Wissen fragt also eigentlich nach der Beschaffenheit derer, für die es von Bedeutung sein kann, darauf eine Antwort zu finden. Und nur solange Menschen an *diesem* Wissen gelegen ist, werden sie sich um Wissen überhaupt bemühen.

Darin bleibt die gescheiterte Aufklärung eine unlösbare, weil unabschließbare Aufgabe.

Es sich sagen lassen

Elazar Benyoëtz zum 70. Geburtstag

Der Aphoristiker beginnt an dem Punkt, wo er mit seiner Weisheit am Ende ist (1).

Sein Nach-Denken setzt ein, wenn er mit seiner Philosophie nicht weiter kommt, weil sie ihn nicht mehr verstehen lässt, was er weiß.

Unsere Philosophie ist zu Ende, seit der Humanismus implodierte, der ihr Grund und Rückhalt gegeben hatte.

Das Eingeständnis, mit seiner Weisheit am Ende zu sein, ist zur Würde und Ehre des Philosophen geworden. Die Philosophie begann mit der Entdeckung, nicht einmal den Anfang der Weisheit gefunden zu haben; sie hat neu zu beginnen, seit sich erwies, dass nichts von dem, was sie der europäischen Kultur als Grundlage beigebracht zu haben schien, tragfähig genug war, zu verhindern, dass Menschen sich vergaßen, und Nichtmenschen produzierten. Selbstvergessenheit schlägt die Brücke vom Vergessen zum Vergasen. *Die Seele alles Handelns ist Blindheit. Wer einmal weiß, kann nicht mehr handeln. Wissen heißt die Tat wegwerfen und die Leidenschaft verleugnen* (2).

Weil geschah, was nicht sein konnte, die Tat das Wissen also wegwarf, gibt es kein Wissen mehr, das die(se) Tat verständlich machen könnte.

Dies zu wissen, ist nun der Anfang der Philosophie. Sofern sie wissen will, was es heißt, ein Mensch zu sein.

Angesichts der Zeugnisse des Unaussprechlichen hat sie nichts, als die Sprache, in der zuerst erschien, was Ereignis wurde, um zwar nicht dieses zu verstehen, was nicht möglich ist, doch das Leben danach. Was kann *den Sprachlosen ermuntern, der da gewahrt, wie die Welt aussieht, die sich beim Wort genommen hat?* (3).

Wenn irgendetwas, dann die Sprache, die die Täter vor ihrer Tat schon verriet, die uns, die danach aus Verstehen zu leben versuchen, sprachlos machte und unser Denken so ›bodenlos‹ (4) werden ließ, wie die Täter das Denken nannten, das ihnen widerstehen wollte. In der Sprache ist alles, was Menschen bewegt. So sehr, *dass in der Mißratenheit eines einzigen Ideologensatzes das ganze Auschwitz schon steckt* (5). Und das Gegenteil. Die Sprache enthält ebenso alles, was sich dem Denken des Lebens danach aufgibt. Nur darin, dies als Hoffnung begründet zu finden, ist Leben danach möglich.

In diesem Horizont der Erfahrung der Geschichte ist das einzige unbezweifelbare Wissen dieses, dass sich das Menschsein aus keinen Bestimmungen erkennen lässt. Die Anthropologie muss negativ werden, um von neuem einsetzen zu können, und das Menschengemäße aus den Offensichtlichkeiten des Unzumutbaren zu erschließen suchen (6), so, wie wir spüren, dass es ein Kind im Kern versehrt, geschlagen zu werden. Was sein soll, tritt aus dem hervor, was nicht sein darf. Dieses aber unterliegt keiner Bestimmbarkeit durch Definition: es muss erlebt werden, um erkennbar zu sein.

Diesem Spüren denkend Sprache zu geben, die in ihm enthaltene Erkenntnis auszusprechen, ist Sache der Philosophie, die sich als Anthropologie neu zu begründen strebt.

Vor allem sonst bedarf sie der Kultivierung ihrer Aufmerksamkeit auf die Sprache. Die Erkenntnis ist in der Sprache schon geborgen, die wir ihr verleihen. So kommt es darauf an, ihr die Sprache zu geben, die erkennen lässt, was wir zur Sprache bringen.

Ich habe das Wort und die Rede, das Sagen hat die Sprache (7).

Denn sie ist klüger. Die Klugheit des Denkenden bewährt sich an dem Vertrauen, das er in sie setzt, sich von ihr die Einsicht sagen zu lassen, die sich nicht erdenken lassen will. Was denkbar ist, verrät nur die Sprache, in der es noch nicht gesagt werden konnte, aber sagbar sein muss, um denkbar *werden* zu können. Dem Unausdenkbaren, das Ereignis wurde, kommt nur das Unausgesprochene der Sprache bei, das zwischen allen Worten liegt, die ausgesprochen werden.

Deshalb ist die wichtigste Voraussetzung dafür, Menschsein noch einmal im Denken bilden zu können, das Ungeheure, das sprachlos werden ließ, sagbar zu machen. Die von der Shoah erzwungene neue Anthropologie, die eine der Ermöglichungen ist, als bewusstes Wesen weiterzuleben, beruht auf einer neuen philosophische Sprachkultur.

Die Philosophie, die diese Verpflichtung annimmt, muss darin einwilligen, eine Literatur zu werden, weshalb ein Philosophieren, dessen hervorstechendster Zug eine selbstverstümmelnde Sprachunlust ist, diese Aufgabe eines neuen Menschendenkens so lange nicht wahrnehmen kann, wie seine Sprachferne es zur Gedankenlosigkeit verurteilt.

Aus der *trauernden Sprache* (8) wächst dem Denken ein Verständnis des Daseins zu, das von den Gründen der Trauer überwältigt wurde.

Der Philosoph muss Schriftsteller werden.

Der Schriftsteller benutzt seine Sprache nicht. Er lässt sich von ihr leiten, um sagen zu lernen, wovon er spürt, dass es gesagt werden sollte. Ihm liegt ausschließlich daran, einen Sachverhalt so sprachgeformt auszusprechen, wie die Sprache es erlaubt, oder fordert. Er spricht etwas aus, das gedacht sein will. Der Schriftsteller denkt in seiner Sprache. Nicht *mit* ihr. Hat er Glück, denkt *sie* mit ihm.

Kein Gedanke ist voraussetzungslos, nicht einmal der, der sich in einem zum ersten Mal bildet, nach dessen Aussprache man erstaunt und erfreut zu tasten beginnt. Drängt er nicht schon in eigener Gestalt als Aphorismus geformt ins Bewusstsein, wird er sich dem Autor eine Weile entziehen, sich ihm verweigern. Dann kann es geschehen, dass der Autor schließlich als Leser auf ihn trifft, und die Anverwandlung fremder Formulierung ihm zu eigener Sprachgestalt verhilft.

Als Schriftsteller schreibt der Philosoph nicht, was er dachte; er denkt schreibend. Schreiben heißt, sich dem Sinn dessen anvertrauen, wovon man noch nicht weiß, dass man es sagen wird. Die Sprache, die ihm unentbehrliches Medium seiner Nachdenklichkeit ist, als Instrument der Mitteilung zu benutzen, befremdet ihn. Sein Nachsinnen der Sprache anvertrauend, wird sie ihn auf die Gedanken bringen, in denen sich zu erkennen gibt, was er denkt, ihm die Worte zuführend, in die er sie zu fassen sucht.

Es ist von hohem Sinn, daß Dichter das Wort haben und nicht das Sagen. Sie haben nicht die bessere Auskunft, aber sie liefern die Worte für die bessere Einsicht; und sie allein vermögen, aufzuhellen, ohne aufgeklärt zu haben (9).

So führt des Philosophen Weg auf der Suche nach dem Verlorenen ihn in die Literatur, ohne die Philosophie zu verlassen. Als eine Literatur hat eine Philosophie sich zu bewähren, die in ein Menschendenken nur im Nach-Denken des Ereignis gewordenen Unausdenkbaren findet, das dieses ihr zu werden auferlegte.

(1) Elazar *Benyoëtz*, Allerwegsdahin. Mein Weg als Jude und Israeli ins Deutsche, Zürich-Hamburg 2001, 32

(2) Egon *Friedell*, Kleine Philosophie. Vermischte Meinungen und Sprüche, Wien o.J. (1932), 23

(3) Karl *Kraus*, Die dritte Walpurgisnacht (1933), Werke, ed. Heinrich Fischer, Bd. 1, München 1952, 20

(4) Vilém *Flusser*, Bodenlos. Eine philosophische Autobiographie, Bensheim-Düsseldorf 1992

(5) Ulrich *Sonnemann*, Negative Anthropologie. Vorstudien zur Sabotage des Schicksals, Reinbek 1969, 259
(6) Ulrich *Sonnemann*, a.a.O., 249
(7) Elazar *Benyoëtz*, Allerwegsdahin, a.a.O., 194
(8) Elazar *Benyoëtz*, Allerwegsdahin, a.a.O., 154
(9) Elazar *Benyoëtz*, Allerwegsdahin, a.a.O., 71

In der Fremde

Fast alles, was das Menschenleben beschwert, lässt sich los werden, mit mehr oder weniger Anstrengung und dem Glück der Bemühung; nur seine größte Last kann es nicht von sich nehmen: Die *Welt* gehört nicht zu den Belastungen, deren Beseitigung man erstreben könnte. Das ›Gewicht der Welt‹ ist die größte Last des Lebens, und die einzige, die es nicht abschütteln kann.

Das ist ihre Schuld: sich dem Wesen, das unter ihrem Gewicht kaum zu leben weiß, unentbehrlich zu machen. Will es leben, muss es die Last der Welt tragen. Das Medium des Menschenlebens ist so geartet, dass es neben seinen Ermöglichungen auch seine Be- und Verhinderungen untrennbar enthält.

In Momenten der Erschöpfung, schwerer Enttäuschungen, von Verlusten, Niederlagen und Vergeblichkeiten, auch solchen einer unverständlich unbegründeten Freude, entsteht jene Ratlosigkeit, deren Überwindung alle Kulturtätigkeit in Gang setzte: das Erlebnis der Fremdheit.

Sind fremd zu *fühlen*, bedarf es wenig. Jeder kennt die Anwandlungen der Unzugehörigkeit, des Verdachts, am falschen Platz zu sein, der Verlorenheiten, der Einsamkeit. Jeder hat seine schwachen Momente, in denen man sich des Rückhalts, dessen wir bedürfen, nicht mehr sicher ist, in denen das Vertraute sich entzieht, seine Konturen, Farben, Stimmungen wandelt, das Eigene einem plötzlich Seiten zukehrt, die man nicht kannte, und nun, da man sie kennenlernt, besser nicht kennen wollte. Das alles ist flüchtig, geht vorüber, meistens so schnell und unvermutet, wie es sich einem übers Gemüt legte.

In den *Zustand* der Fremdheit versetzt es einen nicht; es gibt erst eine Ahnung davon, wie es sein muss, sich in ihm zu befinden. Das Gefühl der Fremdheit ist noch nicht die Erfahrung der Fremde. Es bereitet auf sie vor. Fremdheit ist ein subjektiver Eindruck im Erleben von Wirklichem; das Fremde eine objektive Beschaffenheit des Wirklichen. Aber die Fremdheit ist nicht die subjektive Seite des Fremden; das Fremde ist die objektive Seite der Fremdheit – Seinskern ihrer Erfahrung. Er ist irreduzibel: auf nichts rückführbar, in nichts auflösbar. Damit ist er die Quelle aller möglichen Selbsterfahrung des Menschen als eines Weltwesens.

Das Fremdsein ist keine Beeinträchtigung des Menschseins, so sehr sein Erlebnis auch versehren kann, sondern die Erfahrung, in der es seine Grundverfassung erlebt. Das ist die älteste Erfahrung des europäischen Menschen, und die am kontinuierlichsten in und von seiner Geschichte von ihm bezeugte.

Fremd zu *sein*, ist die Kunst, sein Leben in einer Welt zu führen, die einem nicht prinzipiell gewogen ist. Zwischen der Befremdung und der Fremdheit liegt nicht weniger als die Erfahrung der Welt.

Das Verhältnis zwischen Mensch und Welt ist ein Missverhältnis. Zwischen ihnen herrscht keine Symmetrie gefügter Entsprechung. Nicht einmal Sympathie.

Die Fremdheit zwischen Mensch und Welt beruht auf Gegenseitigkeit, und es ist die einzige, die zwischen ihnen herrscht: auch der Mensch ist der Welt fremd, so, wie sie es für ihn ist. Der Mensch kann frei sein, gerade weil die Welt ihn, als er in ihr entstand, nicht so erwartete, wie werdende Eltern im Idealfall ihr Kind erwarten. Die Welt weiß mit dem Menschen noch weniger anzufangen als der von ihrer Fremdheit Überwältigte mit ihr. Sie lässt ihn gewähren. Mehr nicht.

So sehr wir auch Weltkinder sein mögen in einer seit Jahrtausenden für menschliche Bedürfnisse zubereiteten Welt; Kinder der Welt sind wir nicht. Nicht einmal Stiefkinder. Allenfalls Produkte. Hervorgebrachte.

Das Weltverhältnis des menschlichen Lebens ist nicht nur immer wieder gestört, es *ist* Störung: des Menschen durch die Welt, der Welt durch den Menschen.

Das Erleben der Weltfremde muss keine Dramatik begleiten, kein alles umstürzender Einbruch ins Leben sein. Sie schleicht sich ein, als der kurze Moment, in dem die jede Lebensführung ermöglichende Alltagsselbstverständlichkeit ausgesetzt wird.

Die Beeinträchtigungen besitzen eine Skala, reichend von kaum spürbarer Belästigung, einem leisen Unwillen, bis hin zur Überzeugung vom Unwert des Lebens. In der Melancholie verdichtet die Vermutung der Weltlosigkeit sich zu der äußersten Schuld der Welt: zur Beschwerlichkeit, leben zu sollen, obwohl die Sinnlosigkeit der Bemühung Ergebnis jeder Anstrengung dazu ist.

Erlebt wird die Weltfremdheit vom Einzelnen als seine eigene Schwäche: es ist sein Mangel, was ihn fremd sein lässt. Auf diese unwillkürliche Zurechnung bauen alle Verbindlichkeiten der monotheistischen Religionen. Die in ihrer Übermacht zutagetretende Gleichgültigkeit der Welt erleben die ihr ausgesetzten Menschen so unmittelbar als eigene Unvollkommenheit, dass das paulinische Christentum die Menschheit mit der alleinigen Verantwortung für ihre Leiden belasten konnte. Soll humane Selbstverantwortung eine Chance gegen die Welt haben, in der sie sich verwirklichen muss, kommt alles darauf an, die Erfahrung der Weltfremdheit statt als Defizit dessen, der sie macht, als Erfahrung der Beschaffenheit der Welt selbst zu begreifen. Zwar leide ›ich‹; aber nicht ›ich‹ bin Ursache meines Leidens. Keine Eigenschaft irgendeines ›Ich‹ macht es leiden; es ist die wesentliche Eigenschaft der Welt, die in jedem Leiden hervortritt.

Wären wir nur fremd in der Welt, wir wollten es am Ende schon in ihr aushalten; zur Wüste wird sie uns mit dem unbezähmbaren Verdacht, den sie uns immer wieder aufdrängt, gar nicht in ihr zu sein. Weltlosigkeit ist der äußerste Schrecken des Menschenlebens. Zu seiner Abwehr ist es zu allem bereit. Und nur zu wenigem in der Lage.

Die Welt handelt nicht, sie kommt uns nicht entgegen. Sie zeitigt nur die Ereignisse und Gegebenheiten, die es in ihr gibt, sie lässt uns nur entstehen. Es gibt sie nicht. Sie *ist* nicht. Die Welt ist die Erfindung des Wesens, das sie entbehrt. Wir sind Teil des Wirklichen, ohne dazuzugehören. Die Welt gibt es erst, seit in ihr ein Wesen zu existieren begann, das nach ihr als dem Ort seines Daseins sucht.

Die Klage über die Welt ist ihre dauerhafteste Erfindung. Sie verbürgt seit dreitausend Jahren die Gewissheit ihrer Existenz. Ließe es sich angemessen auch von diesem seltsamsten aller Wesen ›Mensch‹ in ihr leben, kein Wesen wüsste von ihr. Es gäbe sie nicht. Die Welt ist die Erfindung des letzten Geschöpfes, dem sie anheimgegeben wurde, das sich in sie nicht finden kann. Die Welt gibt es nur als Fremde. Als Suche nach ihr.

Wer sich in ihr nicht fremd fühlt, weiß nicht nur nichts von ihr, für den gibt es sie nicht. Sie entstand in dem Moment, in dem ein Wesen sich zum ersten Mal verloren fühlte. Sie entstand mit dem ersten Empfinden des Unterschiedes, das dieses Wesen zwischen sich und anderem wahrnahm. Sie entstand mit dem Menschen, der dieser Unterschied *ist*.

Die ärgste Fremdheit weckt der Nichtbesitz des Eigenen. Nur Eigenes kann wirklich fremd sein. Nur Fremdes macht mit Eigenem bekannt. Vor allem mit seinen Entbehrungen und seinen Sehnsüchten.

Das Fremde ist der Zustand des Eigenen, nachdem es aufgehört hat, einem anzugehören. Oder der Zustand, bevor das Eigene zum Einklang mit dem Selbst gekommen ist. Dann ist das Fremde die Verheißung der möglichen Übereinstimmung zwischen dem, was man hat und ist, und dem, was man braucht und zu sein wünscht.

Das fremdeste Fremde ist das, was einmal das vertrauteste Eigene war, und verlorenging. Nichts ist so fremd wie das Haus des

Vertriebenen, der zurückkehrt und noch vorfindet, woran er sich so lange in so schmerzlicher Detailgenauigkeit erinnerte; nichts wie ein verlassener Mensch, dem man wiederbegegnet; nichts wie das Lieblingsspielzeug, das man in der Hinterlassenschaft der Eltern wiederfindet; nichts so sehr wie die Wiederkehr einer schon einmal vertanen Chance.

Das Fremde ist das Verlorene, das noch einmal zu einem zurückkehrt, um sich endgültig zu verabschieden. Ohne Wiederkehr keine Fremde. Wer Vertrautes verlässt und ins Unbekannte geht, wird Fremdheit kennenlernen; das Fremde wird er erst erleben, nachdem er in das verlassene Vertraute zurückgekehrt sein wird, nachdem die Fremde, in die er aufbrach, vertraut geworden ist. In nichts begegnet man sich selbst so sehr wie in der Erfahrung des ehemals eigenen, das einen ausschließt. Es *ist* das Fremde.

Ihre Unvermeidlichkeit, die die Fremdheit als Selbst-Fremdheit unabweisbar macht, gründet in dem alles Menschliche bedingenden Umstand, dass niemand Grund seiner Existenz ist. Dass es einen gibt, entzieht sich jeder Selbstverantwortung. Die eigene Existenz kann als Gegebenheit in der Welt keine eigene Hervorbringung sein. Man bestimmt, wenn man will, nur über ihr ›Was‹, ihre Formen, Absichten, Umstände und Verläufe, manchmal über ihr Ende; über ihr ›Dass‹, ihre reine Tatsächlichkeit nicht. Sie lässt sich eigenmächtig zwar beenden, aber darin nicht zurücknehmen. Keine Handlung eines Menschen vermag ihn dorthin zu versetzen, woher seine Existenz stammt. Ihre Stiftung ist für jeden absolut. Ein einmal geborenes Leben ist nicht rückgängig zu machen, nicht von dem, der geboren wurde, nicht von denen, die ihn zeugten. Als Gestaltung eines eigenen Lebens kann jedes Dasein seine eigene Erfindung werden; als Sein ist es absolut und endgültig, noch über sein Ende hinaus. Irgendwann, wenn niemand sich seiner mehr erinnert, wird es sein, als wäre es nie gewesen; aber es ist gewesen, und wird auf ewig gewesen sein, unauslöschlich. Einmal dagewesen, ist für immer dagewesen. Das Verlangen nach Unsterblichkeit ist der Wunsch, diese Unauslöschlichkeit des eigenen Daseins nicht nur denken, auch erleben zu können.

Sich als fremd erleben kann nur, wem die Nichtselbstverständlichkeit des puren Faktums seines Daseins aufgegangen ist: dass es uns nicht gäbe, hätte es die Menschen nicht gegeben, die uns zeugten, oder hätten unsere Eltern sich mit anderen Partnern verbunden.

Dass diese einfachste aller Überlegungen so selten angestellt wird, gehört zu der in unsere Verfassung eingelassenen minimalen Weltverträglichkeit unseres Daseins. Es ist ein Zeichen von Gesundheit, diese grundlegendste aller Existenzbedingungen nicht zum Fundament des eigenen Lebensgefühls werden zu lassen. Und es ist die einzige kluge – und für andere zumutbare – Ignoranz, die es gibt.

Dass es einen gibt, ist nicht erstaunlich, weil aus der Zwangsläufigkeit der Zufallsverschlingungen heraus zwar nicht erklärlich, aber verständlich – irgendwann musste aus den Bewegungen der Weltelemente heraus diese eine Verbindung entstehen, so unwahrscheinlich sie in jedem Einzelfall auch immer sein mag; aber wieso gerade so? Dass man *so* ist, *wie* man ist, ist das noch Erstaunlichere. Noch rätselhafter als die Zufälligkeit des Tatsächlichen ist seine Beschaffenheit, die sich doch immer darbietet, als könnte sie anders gar nicht sein. Was anzunehmen immer ein Irrtum ist.

In aller Regel ist es die Beschaffenheit der Welt, ihr »So-und-nicht-anders-sein«, die sie denen, die in ihr leben, ›fragwürdig‹ macht, in jedem möglichen Sinn des Wortes. Sie in ihren erlebten Zuständen als falsch eingerichtet, wenigstens als unvollkommen und verbesserungsbedürftig zu erfahren, ist das Erstaunen darüber, dass sie so ist, wie sie ist, obwohl sie anders sein könnte. Umgekehrt gewendet: wer sie als falsch erlebt, setzt voraus, dass sie anders sein könnte. Nur wenn sie nicht sein müsste, wie sie ist, kann sie als die, die sie ist, als falsch erlebt werden. Könnte die Welt keine andere sein, wäre es unmöglich, sie als falsche zu erfahren. Das garantiert allerdings nicht, sie auch zu einer anderen, die keine falsche mehr wäre, machen zu können.

In ihrer Unvermeidlichkeit gehört die Fremdheit zur Menschenverfassung. Man kann sie nicht überwinden, man muss *mit* ihr leben wollen, um sie aufheben zu können. In dieser Entscheidung wird sie zu einem Motor der Lebensproduktivität, deren stärkste Regungen aus den Widrigkeiten hervorgehen, die jedes Leben für jeden bereithält.

Es kann nicht darum gehen, die Welt zu erkennen, das übersteigt das Maß des Menschenmöglichen; es muss darum gehen, zu erkennen, wie sich Weltlosigkeit vermeiden lässt, deren Möglichkeit mit der Erfahrung des Fremdseins hervortritt, und in dem Moment akut wird, in dem die Erfahrung der Fremde so intensiv geworden ist, dass sie den unerfüllbaren Wunsch nach ihrer Beseitigung wecken muss.

Die Grundfrage lautet also: Wie wird man die Welt so los, dass man es in ihr aushalten kann?

Das Versprechen des Kindes

Keine Geburtsanzeige ohne Ausdruck der Freude, die das Ereignis, das sie mitteilt, ausgelöst hat.

Die Freude ist – meistens – echt; ihr Motiv – fast immer – falsch. Ist die Freude über die Elternschaft doch größer als die über das Kind.

Der gerne von Großeltern gegebene, selten fehlende Hinweis auf den ›Stolz‹ der Eltern verrät die Genugtuung in der Freude: das Versprechen, das seine Eltern sich mit ihrem Kind als Garant eigener Fortdauer über den Tod hinaus geben, auf den Weg zu seiner Erfüllung gesetzt zu sehen. Elternschaft ist Vorsorge für Nachleben.

Das ist bedenklich nur in dem Maß, in dem es auf dem neuen Leben lasten wird. Und das wird sie, diese Freude, die die Erwartung enthält, fortzusetzen, was einen hervorbrachte. Kinder sollen es nicht nur besser haben, sie sollen auch Erben werden, in jeder Hinsicht.

Im Sohn fortzuleben, ist die älteste und verbreitetste aller Vätererwartungen schon an Ungeborene, und die Ursache ungezählter Mädchentode. Was die Söhne schließlich gegen die Väter aufbringen muss, ist nicht deren Autorität, ohne die es keine erfolgreiche Lebenseinübung geben könnte, sondern ihre Anmaßung, über deren Abschluss hinaus als Vorprägung des Sohnes zum Nachleben des Vaters anzudauern.

Kein Zeugnis ist dafür so repräsentativ wie der Brief, mit dem Thomas Mann seinem Bruder Heinrich am 20. November 1905 die Geburt seiner Tochter Erika mitteilt. *Über das Familienereignis wirst Du unterdessen des Näheren unterrichtet worden sein, durch Mama oder Lula. Es ist also ein Mädchen: eine Enttäuschung für mich, wie ich unter uns zugeben will, denn ich hatte mir sehr einen Sohn gewünscht und höre nicht auf, es zu thun. Warum? Ist schwer zu sagen. Ich empfinde einen Sohn als poesievoller, mehr als Fortsetzung und Wiederbeginn meiner selbst unter neuen Bedingungen. Oder so. Nun, er braucht ja nicht auszubleiben. Und vielleicht bringt mich die Tochter innerlich in ein näheres Verhältnis zum »anderen« Geschlecht, von dem ich eigentlich, obgleich nun Ehemann, noch immer nichts weiß* (Thomas und Heinrich Mann, Briefwechsel, 62).

Was die Söhne gegen die Väter schließlich aufbringen muss, ist nicht deren Autorität, ohne die es keine erfolgreiche Lebenseinübung geben könnte, sondern die Anmaßung, noch über deren Abschluss hinaus als Vorprägung des Sohnes zum Nachleben des Vaters andauern zu sollen.

Mit dieser Erwartung, hat sie erst einmal begonnen, die Ausgestaltung der Elternschaft in Erziehung und Begleitung des Nachwuchses zu bestimmen, schleicht das Verhängnis der Genealogie sich in jedes neue Leben ein. Eines Tages wird es sich, ohne jede Einwirkungsmöglichkeit auf seine Ursachen, durch die Umstände seiner Herkunft vorbestimmt finden, die unendlich viel weiter zurückreicht als Familienerinnerung und Ahnentafel: bis an den Beginn aller Menschentage.

Doch was Geschichte ist, erfährt jedes Leben in den Unmittelbarkeiten seines Hervorgebrachtwordenseins. Das Kind, das seinen Weg in sein Leben sucht, ist ihre Inkarnation. Menschen *haben* Geschichte, indem sie sie *sind*, weil die Kette der Fortzeugungen nichts anderes ist als die unendliche Wiederherstellung von Herkunft. Jede Zukunft unterliegt dem Gebot, Vergangenheit zu ermöglichen. Es muss neues Leben geben, damit vergangenes gewesen sein kann.

So sind wir alle immer schon Erben. Auch die, denen nichts vererbt werden wird, müssen *als* Erben leben: der Welt und ihrer Geschichte, die unsere Existenz hervorbrachten. *Die Kultur hat zur Folge und zur Bedingung, daß jeder das gesamte Gewicht und die gesamte Wohltat der gesamten menschlichen Erfahrung tragen muß* (Valéry, Cahiers/Hefte, Bd. 6, 606). Gewicht und Wohltat der gesamten menschlichen Erfahrung – das ist die Konstellation der zweiten Offenbarung durch das Neue Testament: das Kind, zu dessen Gedenken Christen Weihnachten feiern, kam mit der Bestimmung in die Welt, zu deren Wohltat zu werden, indem es das ganze Gewicht des verfehlten Menschseins auf sich nahm.

Puer natus est nobis, ist die ›frohe Botschaft‹, die der erste Satz der Weihnachtsmesse verkündet: *Uns ist ein Kind geboren.*

»Uns« ist es geboren, wohlgemerkt, nicht einfach geboren: es hat einen Auftrag, sein Leben hat ein Ziel. In diesem »uns« steckt die ganze Last, die auf ihm liegt, die die schwerste ist, die je einem Kind zu tragen aufgebürdet wurde: die ganze falsche Welt.

Aber genau darin ist dieses einzigartige Kind Stellvertreter aller Kinder. Jedes wird mit der ganzen Weltgeschichte geboren, die es in sich tragen muss, um sein zu können.

Dieses soll einst sterben zur Erlösung aller, die jemals vor ihm waren, und derer, die im Glauben an seine Liebestat nach ihm sein werden. Die Gewissheit, dass dieses Kind es tatsächlich tun, seine gottväterliche Vorbestimmung tatsächlich erfüllen wird, begründet die Freude in der Verkündung seiner Ankunft.

Nichts sonst hat diese Freude so sinnlich ergreifend gestaltet wie Bachs Oratorium. Aber sie ist ganz auf dessen Beginn beschränkt. Nur dessen erstes Stück ist ganz ungetrübte Freude, ein vollkommenes Stück Musik, und das einzige, das Bach komponierte, das fast vollständig frei ist von der Schwermut, die ihn sonst Note um Note schreiben ließ. Die reine Freude, der Jubel kann nur dem Beginn gelten, dem, was in diesem Fall des besondersten aller Kinder aus ihm werden soll, nicht. Jedes Leben wird geboren, *um* zu leben; dieses eine aber, um zu *sterben*. Nichts könnte trauriger sein.

Das Christentum formte sein Jenseitsversprechen der Erlösung des Menschen zu sich selbst in einer anderen Welt nach dem Urbild alles Künftigen, dem Kind. Im menschgeborenen Christkind geschieht die absolute Zuspitzung jener Last, die der menschlichen Kindschaft als Unerfüllbarkeit auferlegt ist. Christus, der Sohn, kann seines Gott-Vaters Willen nur durch sein Selbstopfer erfüllen. Oder, in theologisch korrekter Umkehrung, das Opfer um einer anderen und anderer Zukunft willen auf sich zu nehmen, macht den ›Menschensohn‹ zu Gottes Sohn. Gottes Vaterschaft erfüllt deren menschliches Ideal in der Identität von Vater und Sohn, die sich noch zur Trinität erweitert, die jener Heilige Geist vervollständigt, dessen Eingabe die Jungfrau Maria zur Mutter des Gott-Sohnes werden ließ.

Dass diese Geschichte in ihren mythischen Details nur bestaunt, aber nicht verstanden werden kann, versteht sich. Doch das menschliche Muster scheint durch. Und nur deshalb konnte eine unverständliche Geschichte eine Menschheitshoffnung tragen.

Jede Geburt ist die Erneuerung des Erlösungsversprechens, das nichts anderes ist als Zukunftserwartung. Jedes Kind ist das lebendige Bild einer Erwartung, die sich in seiner Zukunft erfüllen soll.

Damit ist jedes neue Leben mit einer Aufgabe belastet, die es ebenso wenig erfüllen, wie ablehnen kann: mit seiner eigenen für eine Zukunft anderer einzustehen. In der Kette der Genealogie wird das künftige Leben jedes Neugeborenen zum Ziel seines eigenen Ursprungs. Nachkommen sind die Zukunft für Vorfahren, die ihr eigenes Zukunftskontingent lebendiger Weltteilhabe erschöpft haben.

Deshalb werden aus Kindern Eltern: zur Weitergabe der ungelösten Aufgabe, die zwar aus einer Hoffnung erwächst, die dennoch Schuld begründet, weil sie von denen, an die sie sich richtet, nicht erfüllt werden kann. Kein Enkel wird ›es‹ jemals ›besser ausfechten‹. Denn er wird seinen eigenen Kampf haben, und von dem derer, von denen er stammt, nichts mehr wissen, mag ein Großvater ihm noch so viel davon erzählt haben. Das Leben, in dem dessen Erzählungen spielen, ist ein anderes als das, zu dessen Ertüchtigung sie ausgesponnen werden.

Für ein auf seine freie Selbstverfügung hin geführtes Leben besteht seine Aufgabe darin, sich von den Bedingungen der eigenen *Existenz* so weit zu distanzieren, dass sie zu Voraussetzungen *eigener* Existenz werden können. Sie steht am Ende eines Prozesses der Selbstverwandlung, wenn es gelingt, das eigene Leben als Verwirklichung der Möglichkeiten zu führen, die in seinen gegebenen Bedingungen geborgen liegen.

Ein Selbstsein gibt es für das gezeugte Wesen nur in einem Jenseits zur genealogischen Zwangsverkettung. Es öffnet sich, wann immer die Geburt statt als Vorgang, in dem eine Zeugung im Bann der Fortbestandsabsicht des Menschseins an ihr Ziel gelangt, als Ereignis verstanden wird, das etwas Neues in die Welt bringt, das es noch nicht gegeben hat, und, einmal da gewesen, kein zweites Mal geben wird.

Der Neubeginn, der mit jeder Geburt in die Welt kommt, kann sich in der Welt nur darum zur Geltung bringen, weil dem Neuankömmling die Fähigkeit zukommt, selbst einen neuen Anfang zu machen, d.h. zu handeln. Im Sinne von Initiative – ein initium setzen – steckt ein Element von Handeln in allen menschlichen Tätigkeiten, was nichts anderes besagt, als daß diese Tätigkeiten eben von Wesen geübt werden, die durch Geburt zur Welt gekommen sind und unter der Bedingung der Natalität stehen (Arendt, Vita, 15).

Die Verschiebung in der Wahrnehmung der Geburt von der Kontinuität des Gattungslebens hin auf den ersten Augenblick einer unverwechselbaren und unwiederholbaren Einmaligkeit verwandelt die Elternschaft aus dem biologischen Ritual der Fortzeugung in den menschheitsgründenden Akt der Stiftung einer neuen Daseinsmöglichkeit.

Unter der Voraussetzung allerdings, dass jedes Leben, das geboren wird, seine Aufgabe darin sehen wird, das in ihm angelegte Neue auch zu verwirklichen, statt fortzusetzen, woraus es entstand, das es in sich trägt, ob es will oder nicht. Das freie Menschsein liegt in einer Zukunft, die die Vergangenheit seiner Herkunft nicht noch einmal ist.

Die wirkliche Kontinuität menschlichen Daseins liegt in diesem anderen Strom des immer wieder verwirklichten Neubeginns.

Alle dieselben, und jedes ganz anders. Von dieser Regel der individuellen Einmaligkeit jedes Exemplars der Menschengattung konnte nicht einmal der zu ihrer Erlösung bestimmte Gott-Mensch ausgenommen werden. Er musste in die Welt kommen wie ein Mensch, um deren ganze Last zu ihrer endgültigen Überwindung auf sich nehmen zu können, die mit seinem Tod zu erwirken ihm nur möglich sein konnte, nachdem er als Mensch gelebt hatte.

Mit jeder Geburt kehrt noch einmal wieder, was jemals war; jeder Geborene aber bringt etwas mit sich, das es noch nie gab.

Daran mag man sich von der Geschichte vom göttlichen Menschenkind erinnern lassen. Wofür man kein Christ sein muss.

Daß man in der Welt Vertrauen haben und daß man für die Welt hoffen darf, ist vielleicht nirgends knapper und schöner ausgedrückt als in den Worten, mit denen die Weihnachtsoratorien ›die frohe Botschaft‹ verkünden: »Uns ist ein Kind geboren.« (Arendt, 243).

Ahrendt, Hannah, Vita activa oder Vom tätigen Leben, Stuttgart 1960, 15

Mann, Thomas/Mann, Heinrich, Briefwechsel 1900-1949, ed. Hans Wysling, erweiterte Neuausgabe, Ffm 1984

Valéry, Paul, Cahiers/Hefte, Bd. 6, Ffm 1993, 606

›Werkzeuge‹ für die ›Werkstatt des Lebens‹

Schärfung einer Daseinsmetapher

Mensch werden ist eine Kunst.
Friedrich von Hardenberg, gen. Novalis

Man ist auf sein Leben nicht besser vorbereitet als auf seinen Tod (Benyoëtz, Eselin, 61).

Unvorbereitet. Denn wir haben unser Leben nicht selbst begonnen. Unser Dasein unterliegt nicht unserer Absicht. Wir sind hervorgebracht worden. Das bestimmt alles, was wir in unserem Leben können, und müssen werden.

Unvorbereitet, müssen wir lernen, wie wir sein können, was wir ›haben‹. Denn als verliehenes ›haben‹ wir unser Leben erst lange, bevor es beginnt, zu unserem ›Sein‹ zu werden. Das Menschenjunge braucht unendlich viel länger zur Ausbildung seiner eingeborenen Lebensfertigkeiten als das Tierjunge. Die extrem ausgedehnte menschliche Adoleszenz ist einer der Ursprünge aller kulturellen Einrichtungen, deren wesentliche Leistung in der Überbrückung menschlicher Unzulänglichkeiten besteht: sie ermöglichen für alle, was die einzelnen nicht, oder noch nicht können.

Wie lernt sich Leben? Durch Abrichtung und Nachahmung. So funktionieren die meisten Leben. Aber ein eigenes Leben braucht eigenen Sinn, eigene Orientierung. Wie lernt die sich?

Dazu müsste es bereitliegende Bestimmungen des Lebens geben, auf deren Gültigkeit sich vertrauen liesse, als Gesamtschau des Ganzen, aus der heraus sich die Vorstellung des eigenen Ortes in ihm gewinnen liesse. Zum Glück gibt es sie nicht. Was nicht heisst, dass nicht zu allen Zeiten welche verkündet worden wären: jede Religion, jede Ideologie erhebt den Anspruch, sie zu geben. Doch das Vertrauen in sie ist verloren, nach Jahrtausende währender Erfahrung des Betrogenwerdens mit tödlichem Ausgang.

Wo Begriffe unzulänglich bleiben müssen, wie in allen Versuchen zur Bestimmung von Totalitäten wie Gott, Natur, Leben, helfen Bilder weiter. Im Fall des ›Lebens‹ erweist dieser Beistand sich jedoch als sehr beschränkt. Es gibt nicht viele Daseinsmetaphern, die das gesamte Menschenleben umfassen und in seinem Wesen kennzeichnen: die antike *Irrfahrt*, als Odyssee noch heute sprichwörtlich, immer begleitet von der Gefahr des *Schiffbruchs*; die christliche *Wanderschaft*; den barocken *Traum*.

Die moderne Welt der Neuzeit hat keine derartige Metapher für das Ganze des Lebens geprägt. Dazu scheint ihre Lebensform von allen, die unsere Kulturgeschichte bisher ausbildete, am allerwenigsten geeignet. Niemand ist auf die Idee gekommen, das Leben nach jener alles bestimmenden Grundform der industrialisierten Welt als *Fabrik* zu kennzeichnen. Das Leben als Traum, das mag noch reizen, wenigstens als angenehm erscheinen; das Leben als Fabrik, dagegen sträubt sich alles.

Daran wird erkennbar, dass zur Bestimmung des Lebens nur etwas tauglich ist, worin dessen Glücksanspruch wenigstens mitschwingt, wenn auch ohne Einlösungsversprechen.

Was dem noch am nächsten kommt, stammt aus der frühesten Zeit der modernen Welt, als sich in den Städten des Südens eine neue Kultur bildete, die auf Dauer das Ständewesen der dreigeteilten Gesellschaft – Adel, Bauer, Bürger – in die zweigeteilte Klassengesellschaft – Bürger, Arbeiter – verwandeln sollte, die sich schliesslich in unseren Zeiten in die klassenlose Gesellschaft eines universalen Kleinbürgertums auflöste. Es ist die *Werkstatt* des *Handwerkers*, der als Meister im Rahmen seiner Zunft am politischen Leben der Stadt teilnimmt.

Sie hat als Metapher des Daseins die Zeiten, in der sie eine gelebte Wirklichkeit war, lange überdauert. So sinnbergend ist sie geblieben, dass noch ein so scharfer Kritiker der modernen Gesellschaft wie Ernst Bloch vom *Leben als Werkstatt* spricht (Bloch, Künstlerroman, 65).

Die Variante, die der italienische Schriftsteller Cesare Pavese seinen zwischen 1936 und 1950 geführten Tagebüchern als Titel gab, *Das Handwerk des Lebens*, verleiht ihr die individuelle Wendung, die sie tauglich macht für ein Nachdenken über die Bedingungen, die Ansprüche und Möglichkeiten eines eigenen Lebens. Denn auf nichts waren schon der mittelalterliche und dann der frühneuzeitliche Handwerker so stolz wie auf ihre durch höchste Fertigkeit in ihrer Arbeit erworbene Freiheit: der Meister war nicht nur ein beruflicher Status; diesen zu erwerben, begründete eine Lebensform der Freiheit im Rahmen der ständisch geordneten Stadtgesellschaft.

Aus ihr stammt der bis heute gebräuchliche Ausdruck für die Selbständigkeit der Lebensführung des Einzelnen, »sein Leben in die eigenen Hände zu nehmen«. So, wie der Handwerker seine Werkzeuge zur Hand nimmt, um eine Arbeit auszuführen.

Aber wer könnte von sich sagen, ein Meister seines Lebens zu sein? Denn das wäre doch das Ziel der Arbeit in der Werkstatt des Lebens, seine Fertigkeiten so weit zu vervollkommnen, dass man schliesslich Meister über sich und sein Leben würde.

Das Wichtigste, weil dazu unentbehrlich, wären Werkzeuge.

Leben lernen, *sein* Leben lernen heisst dann, sich die Werkzeuge, die es braucht, dieses Handwerk auszuüben, anzueignen und anzuverwandeln, die die Kultur bereithält, in der man lebt, und diese Anverwandlung überschreitend schliesslich ganz eigene zu bilden.

Welche könnten das sein?

Das Feld der Metapher gibt eine Fülle von Hinweisen. Ein

Handwerk lässt sich lernen, braucht aber Lehrer und einen Lehrherrn; der es lernt, ist Lehrling; ihm werden Lehrmittel an die Hand gegeben und Werkzeuge, in deren Gebrauch er unterrichtet wird; schliesslich gibt es eine Prüfung, und, wurde sie bestanden, eine Lossprechung, nach der es auf die Walz geht.

Lehrling ist ein jeder, seine Lehrzeit ist die Jugend und das frühe Erwachsenenalter, seine Lehrherren sind Eltern, Vorfahren und Ahnen, Lehrer, Ausbilder, Professoren, Kumpel und Prüfer. Seine Lehrmittel Beispiel und Nachahmung, Übung und Ausdauer, Bücher und Medien aller Art, Erfahrungen im Umgang mit anderen, Erfolge und Misserfolge.

Im 18. Jahrhundert steht das Handwerksmilieu metaphorisch Pate bei der Ausbildung der Anthropologie, der Frage, was der Mensch sei, wenn Herder die Hand als das erste kulturbildende Werkzeug bezeichnet, und Kant in wörtlicher Verwendung der Metapher die Geschlechtsorgane als ›Geschlechtswerkzeuge‹. (Aus welch nüchternster Auffassung nicht nur seine eigene Unerfahrenheit in ihrem ›Gebrauch‹ spricht). Noch Hannah Arendt bezeichnet die Hand als das *Urwerkzeug des Menschen* (Arendt, Vita, 107).

Seitdem ist es kulturwissenschaftliche Überlieferung, das Werkzeug als Merkmal des Menschseins zu verstehen. 1857, im Jahr der Entdeckung des Neandertalers, schreibt der französische Vorgeschichtler Boucher de Perthes: *Ich bin überzeugt, dass sich auf diesem Gebiet noch großartige Entdeckungen werden machen lassen und dass man der Sammlung unserer ursprünglichen Geräte und Werkzeuge eines Tages die Aufmerksamkeit schenken wird, die sie verdient, denn diese Werkzeuge sind der erste Beweis für unsere Vernunft, unsere ersten Titel auf den Rang eines Menschen, und diese Titel kann keines der übrigen irdischen Geschöpfe aufweisen* (nach: Leroi-Gourhan, Hand, 24, Anm. 3).

André Leroi-Gourhan, der dieses Zeugnis überlieferte, fasst die wesentlichen Merkmale, wie sie in der Palöoanthropologie und der Ethnologie bis heute gelten, in seiner klassischen Studie ›Hand und Wort‹ zusammen. *Die Freiheit der Hand führt fast notwendig zu einer technischen Aktivität, die von der des Affen verschieden ist; ihre Freiheit bei der Fortbewegung verlangt im Verein mit dem kurzen Gesicht und dem Fehlen offensiver Reißzähne die Verwendung künstlicher Organe, von Werkzeugen also. Aufrechter Gang, kurzes Gesicht, Hände, die bei der Fortbewegung frei bleiben, und der Besitz beweglicher Werkzeuge, dies sind in der Tat die fundamentalen Merkmale der Menschheit* (Leroi-Gourhan, 36).

Das Werkzeug wird von der Hand geführt. Deshalb ist man traditionell der Auffassung gewesen, ein Werkzeug als eine Erweiterung der organischen Ausstattung des Menschen zu verstehen, *geradezu als eine anatomische Konsequenz, als einziger Ausweg für ein Wesen, das in seiner Hand und seinem Gebiß vollständig waffenlos dasteht und dessen Gehirn in einer Weise organisiert ist, die es zu komplexen manuellen Operationen befähigt* (Leroi-Gourhan, 120).

Dieser Naturalismus ist nicht unproblematisch, dient er doch immerhin zur Erklärung eines Urkennzeichens von Kultur als Wesensmerkmal des Menschseins.

In einer gelegentlich geplünderten, von der Kulturanthropologie vom Fach vergessenen, gleichwohl klassischen Studie hat der Dresdener Arzt Paul Alsberg 1922 diese Inkonsequenz zu beheben versucht. Die *Kulturbeherrschung* als *die natürliche Bestimmung des Menschen* verstehend (Alsberg, 457), begriff er die Leistung des Werkzeuges nicht als anorganische Fortsetzung des Organs, sondern umgekehrt als die Befreiung der menschlichen Zwecke von den organischen Beschränkungen. Das Organ bedient lediglich das Werkzeug, während die Leistung, auf die sein Einsatz abzielt, von ihm allein bewirkt wird.

Diese Umkehrung der klassischen Perspektive von der Hand aufs Werkzeug vom Werkzeug auf die Zwecke, die das Menschenwesen sich setzt, ohne sie mittels seiner Körperlichkeit allein erreichen zu können, findet sich darin gerechtfertigt, dass kein Werkzeug jemals von einer Hand erfunden wurde, sondern unter Einsatz der Hand, geleitet von einer intelligenten Absicht, die der Hand eine Aufgabe stellt.

Die Vorstellung seines Gebrauches zu einem vorgegebenen Zweck geht seiner Herstellung noch vor dem Gebrauch eines Werkzeuges voraus. Bevor es eines geben kann, muss es den Gedanken und das Bild dessen schon geben, was mit seinem Einsatz erreicht werden soll.

Dabei sind schon gewisse Prozesse der Abstraktion im Spiel, die mindestens vorschweben müssen, gleichgültig, ob sie wortfähig sind oder nicht. Nämlich gesetzt, man wolle aus dem Feuerstein eine Klinge absprengen, so muß konzipiert sein: der Vorgang oder das Entwurfs- oder Wirkungsschema des »Schneidens überhaupt«, der »Schneidewirkung überhaupt«. Es muß ferner ein künftiges Interesse oder Bedürfnis nach diesem Arbeitsgang bewusst sein und an dem, was dabei herauskommt: Etwa an der Ablösung eines Felles vom Tierkadaver. Dies alles tritt zwischen das Primärbedürfnis, z.B. dem nach Nahrung, und seine Erfüllung.

Bemerkenswert ist hierbei, dass das abstrakte Phantasma »Schneidewirkung überhaupt« präzise gegeben sein muß, sonst kommt keine Klinge zustande (Gehlen, Urmensch, 11).

Für die Bestimmung der anthropologischen Metapher des Lebenswerkzeuges liegt darin die elementare Bedeutung aller visionären Vermögen des Menschen, dessen, was Heinrich von Kleist, umgetrieben von der Erfahrung der Kantischen Philosophie, den ›Lebensplan‹ nannte, was Ernst Bloch als ›Vorschein‹ und ›Antizipation‹ beschwor.

Darin behauptet die Einbildungskraft, die Phantasie als Lebenswerkzeug, den Vorrang gegenüber dem Vermögen, das man zunächst als das wichtigere ansehen würde: der Erkenntnis. In der Einleitung zur ›Phänomenologie des Geistes‹ hat Hegel 1807 den Werkzeugcharakter der Erkenntnis als Irrtum erwiesen.

Denn ist das Erkennen das Werkzeug, sich des absoluten Wesens zu bemächtigen, so fällt sogleich auf, daß die Anwendung eines Werkzeugs auf eine Sache sie vielmehr nicht verläßt, wie sie für sich ist, sondern eine Formierung und Veränderung mit ihr vornimmt. Oder ist das Erkennen nicht Werkzeug unserer Tätigkeit, sondern gewissermaßen ein passives Medium, durch welches hindurch das Licht der Wahrheit an uns gelangt, so erhalten wir auch so sie nicht, wie sie an sich, sondern wie sie durch und in diesem Medium ist. Wir gebrauchen in beiden Fällen ein Mittel, welches unmittelbar das Gegenteil seines Zwecks hervorbringt; oder das Widersinnige ist vielmehr, daß wir uns überhaupt eines Mittels bedienen (Hegel, Phänomenologie, Einleitung, 68 f.).

Hundert Jahre später wird dieser Gedanke in der Revolution der Quantenphysik als ›Unschärferelation‹ zur Grundlage jeder tragfähigen wissenschaftlichen Erkenntnis werden.

Für die Metaphorik des ›Lebenswerkzeugs‹ erweist dieser erkenntniskritisch negative Sachverhalt sich als eine positive Bestimmung: ein solches kann nur sein, was dazu geeignet ist, in ein Leben prägend, verändernd, formend einzugreifen. Etwas, das alles so liesse, wie es gerade ist, was meistens nicht dem entspricht, wie es sein sollte und könnte, ist dagegen ungeeignet.

In dieser Auffassung wird das Werkzeug zu einem Mittel der Herstellung von etwas, das eigentlich unmöglich ist: es ist die Überbrückung der beschränkten natürlichen Ausstattung des Menschen durch die Vernunft, die seinem Dasein Zwecke setzt, die die Natur, aus der er stammt, nicht kennt. Etwa: die Liebe als Erotik, die den Körper als Quelle gegenseitiger Lusterzeugung behandelt, und dazu den natürlichen Zweck der Sexualität, die Fortpflanzung, ausschaltet. Kants ›Geschlechtswerkzeuge‹ stehen dagegen allein für den Naturzweck ihres Gebrauches ein.

Darin liegt geradezu die Definition der Kultur als Lösung des Menschseins von den Einschränkungen der Natur hin zur Verwirklichung seiner vernünftigen Möglichkeiten. Die können nur, und müssen, jenseits seiner natürlichen Ausstattung liegen. *Das Entwicklungsprinzip des Tieres ist das Prinzip der Körperanpassung (Körperfortbildung), das Entwicklungsprinzip des Menschen ist das Prinzip der Körperausschaltung vermittels künstlicher Werkzeuge* (Alsberg, Menschheitsrätsel, 103).

Statt die Organe zu erweitern, ersetzen Werkzeuge den Körper. Indem sie den Menschen aus seiner Körperbeengtheit lösen, befreien sie ihn zu einer Existenz, die nicht mehr ausschliesslich von den Anforderungen, und damit Beschränkungen, des Organismus bestimmt wird.

Die Unnatur seiner Werkzeugleistungen ermöglicht dem organisch unterausgestatteten Lebewesen Mensch, sein Dasein unter natürlichen Bedingungen zu führen. Darin ist die unaufhebbare Tendenz der Kultur zur Zunahme und Steigerung aller ›Unnatürlichkeiten‹ angelegt. Anders ausgedrückt: alles, was sich als für menschliches Dasein erforderlich, nützlich oder angenehm erweist, liegt in einem Jenseits der natürlichen Legitimation. Natur ist kein menschliches Argument, weil Natur allein kein Menschsein garantiert. Dieses Jenseits erreichen und bewohnen zu können, ist die elementare Funktion alles dessen, was als ein Werkzeug des Lebens fungieren kann.

Die Umwertung des Werkzeuges zu einem Mittel der Realisierung des Unmöglichen macht es nach den Erfahrungen des vergangenen Jahrhunderts noch einmal zu einem eminent anthropologischen Thema: das Menschsein selbst wurde in den Katastrophen einer willkürlichen Un- und Gegenmenschlichkeit unwahrscheinlich. So sehr, dass es manchem Kulturkritiker bereits als eine Unmöglichkeit erscheinen wollte. Die Nachnatürlichkeit der Kultur scheint sich zu der menschlichen Selbstermächtigung der Selbstabschaffung gesteigert zu haben.

Wenn das stimmt, kann es dagegen kein anderes Mittel geben als dasselbe, dem diese Gefährdung angelastet wird: einen anderen Gebrauch der Vernunft und der Einbildungskraft. Wir müssen nicht so sein, wie wir geworden sind, wenn wir anders sein wollen, und dazu das, worüber wir verfügen, anders einsetzen.

Daraus folgt für die anthropologische Forschung die Unmöglichkeit positiv verbindlicher Bestimmungen. Ihre Grundfrage lautet nicht: Was braucht der Mensch? Sondern: Worauf kann er nicht verzichten, ohne sein Menschsein aufzugeben? Anthropologie wird so zu einer Inventur des Menschenmöglichen unter dem Gesichtspunkt des menschlich Notwendigen: Worüber können wir verfügen, um das verwirklichen zu können, dessen unser Dasein bedarf? Was muss man einsetzen und handhaben können, um mit seinem Handeln sein eigenes Leben hervorzubringen?

Auf diese Fragen kann es immer nur individuelle Antworten geben. Um sie finden zu können, bedarf es der Vision eines eigenen Lebens. Nur gemessen an ihr, lässt sich eine Handlung, lassen sich Lebensumstände, Zufälle, Einfälle, Absichten und Erfolge, Niederlagen und Versehrungen in ihrer Bedeutung beurteilen und zum Bestandteil einer Lebensführung machen. Deshalb ist die Erkenntnis des Sinnes, der in allem waltet, was einem zunächst als Zufall geschieht, eines der wichtigsten ›Lebenswerkzeuge‹.

Die Vision des eigenen Lebens enthält den Maßstab, um zu beurteilen, was an den Begebnissen der Existenzführung so elementar, oder gleichgültig ist, dass man sein eigenes Leben verfehlte, verzichtete man darauf, oder wäre man nicht in der Lage, es sich in seiner ›Handhabung‹ als ›Werkzeug‹ anzueignen.

Dazu verhelfen einem ›Modelle‹, konkrete Visionen eines derartigen eigenen Lebens, die am solidesten auf dem Weg einer Distanzierung zu den bestimmenden Erwartungen erreicht werden, die alle Institutionen der primären Lebensertüchtigung an einen richten: Eltern, Herkunft, Schule, Bildungseinrichtungen, gesellschaftliche Verbindlichkeiten aller Art.

Für die Herstellung und die Verwendung eines Werkzeuges ist das Zielbewusstsein seines Gebrauches ausschlaggebend. Ohne das Bedürfnis eines Zieles, zu dessen Erreichung noch kein Mittel und kein Weg vorhanden sind, entsteht kein Werkzeug. Anthropologisch bedeutet das, dass es ein Bewusstsein eigener Individualität bereits geben muss, bevor daran gegangen werden kann, auf die Lebensumstände so einzuwirken, dass diese dem entsprechen können, was diese Individualität als ihren Sinn empfindet.

In diesem Verhältnis wird die Rolle der Einbildungskraft entscheidend. Und mit ihr kommt die Kunst ins Spiel, wann immer es um ›Werkzeuge des Lebens‹ geht.

Für den Künstler kann alles ein Werkzeug sein, womit er seine Kunst machen kann, deren Hervorbringung immer ein Prozess der Selbsthervorbringung seiner Existenz ist. Am Gebrauch des Werkzeuges lässt sich ablesen, dass die Entstehung der Kunst mit dem Prozess der Menschwerdung eines protomenschlichen Wesens parallel gegangen sein muss.

In seiner Studie über Lascaux, die bis heute die bedeutendste kulturphilosophische Erörterung des Phänomens einer vorzeitlichen ›Kunst‹ geblieben ist, hat Georges Bataille das Werkzeug als Merkmal jenes vormenschlichen Wesens gesehen, das kurz davor ist, Mensch zu werden. Diesem ›homo faber‹ gelingt – oder unterläuft – der Schritt hinüber in eine andere Daseinsform dank seiner Erfindung des Spiels, der Kunst: sie macht ihn zu dem ›homo sapiens‹, als der wir auf unsere Vorzeitahnen und deren Hinterlassenschaften zurückblicken: Werkzeuge und Kunstwerke (Bataille, Lascaux, 27 ff). Die ›Geburt der Bilder‹ und die Erfindung der Werkzeuge sind ineinander verschränkte, parallele Vorgänge (vgl. Leroi-Gourhan, Hand, 451 ff.).

Das Symptom dieser Verschmelzung zweier Vorgänge zu dem Gesamtereignis ›Menschwerdung‹ findet sich am Werkzeug selbst. Jener Übergang von einer Daseinsform in eine andere tritt in dem *Ornament* in Erscheinung, mit dem ein Werkzeug versehen wird: die Verzierung, mit dem das arbeitende Wesen sein Zeug versieht, gibt es als ein Wesen zu erkennen, das nicht mehr *nur* arbeitet, wenn es tätig ist.

In der Zwecklosigkeit der Schönheit dessen, was es hervorbringt – die Kant zur Definition des Schönen als eines ›interesselosen Wohlgefallens‹ führte – , gelangt das protomenschliche Wesen ins Menschsein.

Paul Valéry hat diesen für jede anthropologische Ästhetik grundlegenden Gedanken in seiner Meditation über die ›Künste, die das Feuer wirkt‹, gefunden.

Was tun die Künste, die das Feuer wirkt, anderes, als die grundlegende Eroberung des Menschen zu zelebrieren? Sie stammen von seinen ersten Handwerken ab. Kaum hatte er das Feuer gezähmt, kaum diese Glut sich untertan gemacht und durch sie den Ton und die Metalle, woraus er Werkzeuge, Waffen, Hausrat schuf, da lenkt er es auch schon ab, damit es ihm Wertigkeiten der Betrachtung und der Lust bilde. Es hat einen ersten Menschen gegeben, der, gedankenabwesend ein beliebiges grobes Gefäß liebkosend, in sich den Gedanken keimen fühlte, ein anderes Gefäß auszuformen, nur um es liebkosen zu können (Valéry, Feuer, 13).

Erst wenn die Mittel der Zweckhaftigkeit zwecklos eingesetzt werden können, ist die Schwelle zur Menschwerdung überschritten. Das Werkzeuge einsetzende Wesen ist noch ein in seinen unmittelbaren Lebensfunktionen der Bedürftigkeiten aufgehendes; Mensch ist es erst, sobald es sich mittels seiner Werkzeuge einen Bereich erschliesst, der jenseits der Befriedigung der Lebensnotwendigkeiten liegt. Erst das Kunst machende Wesen ist ganz Mensch.

Für die anthropologische Metapher des ›Werkzeugs des Lebens‹ folgt daraus die ausschliessende Bestimmung, dass nichts als eines dienen kann, was nur einen einzigen, festliegenden Zweck besitzt.

Die Kunst nutzt, was im Werkzeug angelegt ist, und bringt damit ein anderes Wesen hervor, eines, das noch mehr kann als das werkzeugherstellende. Der Ur-Mensch entsteht in der Verzierung seines Werkzeuges, indem er einen Überschuss über die reine Pragmatik nutzt und sein Können für etwas einsetzt, das jenseits der beabsichtigten Funktionalität liegt. Das geschmückte Werkzeug zeigt den Menschen.

Das ist eine reine Leistung der Einbildungskraft. Sie ist – und wird immer bleiben, – das Medium, in dem sich jene Vorstellungen bilden, deren Erprobung und Ausführung Aufgabe alles dessen ist, was als ein Werkzeug im buchstäblichen oder im metaphorischen Sinn verwendet werden kann. Wir müssen wissen oder uns vorstellen, wer wir sein wollen, um uns verschaffen zu können, was es braucht, es zu werden.

Das bedeutet für die Metapher des ›Werkzeugs des Lebens‹, dass es sich bei ihm um nichts handelt, was man zum blossen Dasein braucht, denn das hat ein jeder bei der Geburt mitbekommen, vorausgesetzt, er kommt an Leib und Hirn unbeschädigt zur Welt, die psychosomatische Ausstattung ist als Erbe einer langen Kulturwirkung vollkommen ausreichend; eines kann nur sein, dessen man bedarf, um aus ›dem‹ Leben, das man ›bekommen hat‹, eines machen zu können, das einst das ›eigene‹ Leben gewesen sein wird: ein ›Werkzeug des Lebens‹ ist etwas, das es einem Einzelleben ermöglicht, der aus der Unbestimmtheit ›des‹ Lebens herrührenden Drohung der Sinnlosigkeit zu entgehen.

Alsberg, Paul, Das Menschheitsrätsel. Versuch einer prinzipiellen Lösung, Dresden 1922

Arendt, Hannah, Vita activa oder Vom tätigen Leben (Stuttgart 1960), München o.J.

Bataille, Georges, Die Höhlenbilder von Lascaux oder Die Geburt der Kunst (1983), Stuttgart 1984

Benyoëtz, Elazar, Die Eselin Bileams und Kohelets Hund, München 2007

Bloch, Ernst, Philosophische Ansicht des Künstlerromans, in: ders., Verfremdungen I, Frankfurt/M 1961, 64-80

Blumenberg, Hans, Schiffbruch mit Zuschauer. Paradigma einer Daseinsmetapher, Ffm 1979

Gehlen, Arnold, Urmensch und Spätkultur. Philosophische Ergebnisse und Aussagen, 2., neu bearbeitete Auflage, Frankfurt/M-Bonn 1964

Hegel, Georg Wilhelm Friedrich, Phänomenologie des Geistes (1807), Frankfurt/M 1970
Leroi-Gourhan, André, Hand und Wort. Die Evolution von Technik, Sprache und Kunst (1964/1965), Frankfurt/M 1980
Novalis, Romantische Welt. Die Fragmente, hg. von Otto Mann, Sammlung Dieterich Bd. 21, Leipzig 1939
Steffens, Andreas, Poetik der Welt, Hamburg 1995
Valéry, Paul, Von der überragenden Würde der Künste, die das Feuer wirkt, in: ders., Über Kunst. Essays, dt. von Carlo Schmid, Berlin-Frankfurt/M 1959; 1965, 9-14

Nietzsche
oder
Die Sehnsucht nach einem anderen Menschen

Ausblick auf einen Klassiker des 21. Jahrhunderts

Nietzsche gibt es nicht. Er ist eine Erfindung.

Wer immer von ihm gesprochen hat, er sprach von seiner eigenen Vorstellung, von seiner Vision, die er sich von einer Verborgenheit gemacht hatte. Nietzsche hat sich in seinem Werk, das keines geworden, sondern ein Gemenge von Fragmenten geblieben ist, verborgen gehalten wie sonst nur Spinoza, den er, als er ihn spät entdeckte, begeistert zu seinem einzigen Vorläufer erklärte.

Es gibt viele Nietzsches. Sein Name ist das Phantom eines Autors im Plural. Ein jeder muss sich seinen eigenen aus dem nahezu undurchdringlich gewordenen Wust von Werk und Überlieferung, Legende und Deutung herauspräparieren. Jede Äußerung über ihn ist eine solche Erfindung. Selbst wer in historiographischer Bescheidenheit über ihn oder, ihn zitierend, mit ihm redet, spricht von sich selbst. Ihn zu Wort kommen zu lassen, kann seriöserweise nur heißen, auszusprechen, wovon sein Werk in einigen seiner Facetten nahelegen kann, gedacht, wenigstens *be*dacht zu werden. Wer über ihn spricht, muss sagen, über *welchen* Nietzsche er spricht.

Die wichtigste Maxime im Umgang mit Nietzsche hat Giorgio Colli, nach Jahrzehnten der philologischen Fron am Nachlass,

1974 formuliert, als er unter dem Titel *Zitieren verboten* schrieb: *Ein Fälscher ist, wer Nietzsche interpretiert, indem er Zitate aus ihm benutzt; denn er kann ihn all das sagen lassen, worauf er selber aus ist, indem er authentische Worte und Sätze nach freiem Belieben geschickt arrangiert. Im Bergwerk dieses Denkers ist jedes Metall zu finden: Nietzsche hat alles gesagt und das Gegenteil von allem.*

Es hat deshalb keinen Sinn, von »Missverständnissen« zu sprechen, denen Nietzsches Werk ausgesetzt gewesen sei. Denn es ist von sich aus so sehr um die Vermeidung von Eindeutigkeit bemüht, dass es kein rechtes Verstehen erfahren konnte, sondern allenfalls ein angemessenes, zu dem die von ihm selbst postulierte intellektuelle Redlichkeit allein verpflichten kann. Darum hat man sich aufs neue zu bemühen, immer wieder. Umso mehr, wenn man sich seiner Gedanken in eigener Reflexion bedient, und nicht nur an der philosophiehistorischen Fiktion namens Nietzsche werkelt.

Seit Nietzsche gibt es die philosophische Technik einer Artistik des Denkbaren. Als Moralist hat er selbst es sich zur Pflicht gemacht, auszusprechen, dessen Denkbarkeit sich in seinem Denken einstellte. Nicht nur sein Nachlass, der gesamte Korpus seiner erhaltenen Schriften ist ein einziges großes Laboratorium nachchristlicher Denkbarkeiten.

So wie er erwog, was im Horizont des Gottesverlustes zu denken möglich wurde, so mögen wir anhand seiner Gedanken erwägen, was der Bruch in der europäischen Geschichte uns an Reflexion aufnötigt, der sich im 20. Jahrhundert vollzog.

Er ereignete sich als eine anthropologische Apokalypse, als Offenbarung des Menschseins in seiner skandalösen Selbstunkenntnis durch die Enttäuschung des humanen Selbstverständnisses, wie es bis dahin die europäische Kultur sicher geprägt zu haben schien. Seit Verdun, Auschwitz, Hiroshima, dem Gulag und Tschernobyl ist davon nichts mehr in fragloser Geltung.

Menschsein ist seither neu, anders zu denken, als Europa es

zweitausend Jahre getan hat. Denn die Menschen des 20. Jahrhunderts haben es nicht verstanden, eine die Menschheit, deren Idee sie vom 18. geerbt hatten, umspannende Menschlichkeit in Geltung zu setzen, die ihre Selbstgewissheit nicht mehr aus der Negation gewinnen muss, durch den Ausschluss als Nicht-Menschen Stigmatisierter. Nur eine Menschheit, die nicht weiß, was es heißt, Mensch zu sein, konnte und kann weiterhin zulassen, dass einige Menschen um einer Definition des Menschseins willen zu Nichtmenschen gemacht werden, wie es in den das 20. Jahrhundert epochal prägenden Praktiken der Anthropolitik geschah.

Nietzsche bleibt ein Partner in dieser unabsehbaren Aufgabe, Menschsein neu zu denken, weil er der erste Denker des alten Europa gewesen ist, der das Erschrecken darüber aushielt und zuließ, dass die Möglichkeit eines anderen Denkens des Menschen sich in seinem eigenen zu bilden begann: des Denkens eines anderen Menschen.

Zu den Vorbereitungen einer neuen Experimental-Philosophie, wie sie die Erfahrung der Geschichte uns auferlegt, gehört eine andere Lektüre Nietzsches. Sie fragt danach, was sich ergibt, wenn man ihn nicht bloß in die Geneaologie des Unmenschentums eingebunden sieht, das jenen Bruch verschuldete, sondern in eine zu entwerfende Genealogie eines anderen Menschen-Denkens, das die Überwältigung des humanen Selbstvertrauens durch die Erfahrung dieses Unmenschentums zu überwinden fähig sein könnte. So könnte diese Figur des 19. Jahrhunderts, die der Philosoph des 20. war, ein Klassiker des 21. Jahrhunderts werden.

Zu den großen Paradoxien dieses Neuen in einem künftigen Europa gehört, dass es schon zum Ältesten des vergangenen Europa zählt. Seit die altgriechischen Tragöden den Menschen das unheimlichste aller Wesen nannten, für das es besser wäre, niemals geboren zu sein, ist eben die Sehnsucht nach einem anderen Menschsein in unendlicher Variation eine der beständigsten Konstanten in der europäischen Geistesgeschichte. Alle

Anthropologie hat es seither mit diesem Stachel des tragischen Bewusstseins zu tun. In den Höllen des 20. Jahrhunderts hat es sich so intensiv erneuert wie seit den Verheerungen der europäischen Religionskriege des 17. Jahrhunderts nicht mehr.

Die europäische Geistesgeschichte lässt sich als eine Geschichte der Wanderung dieses Motivs durch die Epochen, die verschiedenen Künste und alle übrigen intellektuellen Disziplinen beschreiben. In seiner positiven Gestalt des »Neuen Menschen«, im Gegensatz zur negativen, die das Menschsein überhaupt als verfehlt verwirft, durchwandert es die Literatur, von der es in die Philosophie übergeht, um sich seit den ersten Utopiebildungen in der Neuzeit zunehmend in der Politik und ihren Visionen auszubreiten, bis es schließlich in unseren Zeiten der entwickelten wissenschaftlich-technischen Zivilisation in den Untergrund auch der wissenschaftlichen Leitbilder einsickert.

Von allen philosophischen Ausprägungen dieses Sehnsuchtsmotivs besitzt Nietzsches Philosophie die unmittelbarste Beziehung zu dessen Urstiftung. Seit seiner enthusiastischen Frühschrift von der ›Geburt der Tragödie‹ aus dem Jahr 1872 ist ihr innerster Antrieb die Suche nach Bedingungen dafür, dass die anthropologische Wahrheit der Tragödie, ihr »Besser nicht geboren«, nicht endgültig sein müsse.

Aus der Musik erfuhr Nietzsche seine philosophischen Intuitionen. In ihrem Erlebnis suchte er schließlich auch die eigene tragische Veranlagung zu lösen, nachdem er der Verführung Wagner entkommen war, denn muss doch, nach einem Wort Max Benses, früher oder später am Leben scheitern, oder schon gescheitert sein, wer sich auf die Tragödie zu sehr einlässt. Dass dieses Scheitern Nietzsche biografisch schließlich auf grausamste Art dennoch widerfuhr, widerlegt sein Streben nach Überwindung der tragischen Wahrheit nicht.

Ihre Vision wurde die philosophische Dichtung des ›Zarathustra‹. Es ist ein weiteres großes Paradox, dass ausgerechnet in ihr, die ihren Autor wie nichts sonst in die Genealogie des Unmenschentums festzusetzen scheint, am deutlichsten hervortritt, was ihn zu einem Klassiker jenes neuen Menschen-Denkens macht, das es mit den Folgen der Politik der Unmenschlichkeit aufzunehmen hat.

Ihre Losung vom »Übermenschen« muss man sich hüten, als eine Idee zu verstehen. In den mühevollen Jahren zwischen 1883 und 1885 auf seinen rastlosen Wanderungen durch Deutschland, Frankreich und Italien entstanden, ist diese Dichtung eines Philosophen, der bis dahin ein nahezu vollkommenes Desinteresse erfahren hatte, der verzweifelte Versuch, sich auf andere Art »verständlich« zu machen.

Dieser Versuch gerät zu dem einzigartigen Fall der Erfindung einer Privat-Mythologie, als Travestie des mythologischen Ursprungs aller geistigen Gebilde, die es in der europäischen Kulturgeschichte zu Rang und Einfluss brachten. Der übersehene Denker erfindet sich die mythische Quelle seines Werkes, deren Fernwirkung ihm Rang und Ansehen verschaffen müsste, hätte es diesen Mythos in der europäischen Kultur tatsächlich gegeben. Da er eine Erfindung ist, bleibt beides, zunächst, weiter unbeachtet.

So ernst jedes Wort dieses Textes zu nehmen ist, so zurückhaltend muss sein Charakter einer Travestie gegenüber seinen »Aussagen« machen. Tatsächlich ist es ein Monolog, in dem ein Geist in seiner vollständigen Einsamkeit herausschreit, was keiner von ihm hören will – Parodie einer Offenbarung für taube Ohren: *Nur Narr, nur Dichter*.

Der Mensch, dessen »Überwindung« sie verkündet, ist der Mensch, der aufgehört hat, sich gegen die Unzumutbarkeit der Verfassung, in der er sich in einer Welt behaupten muss, die um seine Existenz vollkommen gleichgültig ist, seit sie nicht mehr als reine göttliche Schöpfung oder als reine Natur erlebt werden kann, aufzulehnen. Es ist der Mensch, der noch nicht verstanden hat, dass er seine Fähigkeiten der Kultivierung, der Anpassung der Welt an seine Lebensbedürfnisse, auf seine eigene Verfassung ausdehnen muss, will er es jemals dahin bringen können, die Bedingungen seines Daseins und sein Selbst-Erleben in Übereinstimmung zu bringen.

Denn dafür wird weder ein Schöpfer, noch Natur sorgen. Ein anderer Mensch, der seine vollständige kosmische Einsamkeit, deren Entdeckung Pascal zu Beginn der Neuzeit so erschrocken hatte, nicht mehr nur erkennt, sondern sie auf sich nimmt, beginnt, mit seiner Selbst-Bestimmung Ernst zu machen. Er widersetzt sich allen Kräften der Fremd-Bestimmung, die in ihm wirken und kündigt alle Verbindlichkeiten auf, die an ihn gerichtet werden, ohne von ihm auch auszugehen. *Es ist an der Zeit, dass der Mensch sich sein Ziel stecke. Es ist an der Zeit, dass der Mensch den Keim seiner höchsten Hoffnung pflanze.* Die Quelle der Verpflichtungen des Menschen gegen sich selbst soll er selbst, und nur er selbst, sein.

Dieser »Übermensch« ist kein Begriff, er steht für keine anthropologische Bestimmung, er ist kein Inbegriff dessen, was der Mensch sein soll; im genauesten Gegenteil dazu ist er die Chiffre für einen erst zu bildenden Willen des Menschen, bestimmen zu *wollen*, was er sein soll: für den »Übergang«, in dem der Mensch zu einem Wesen der Selbstbestimmung wird.

Wohin diese führen wird, ist offen, und muss offen sein, soll es Ergebnis von Selbst-Bestimmung und nicht länger Erfüllung eines höheren Planes sein, sei es der einer offenbarten Heilsgeschichte, sei es der einer natürlichen Evolution.

Nietzsches eigene Definition, mit der die moderne Anthropologie beginnt, sein Paradox vom Menschen als dem »nicht festgestellten Tier«, hat diese Offenheit als Prinzip gewahrt. Denn diese Nichtfestgestelltheit, die den Menschen vom Tier unterscheidet, meint keine Mangelhaftigkeit, sondern, dass das Wesen des Menschen darin gründet, dass er *kein* Tier ist. Was immer ihn aus der Tierheit enthoben haben mag, seitdem es geschah, gibt es ein Wesen, dessen Sein unter dem Gesetz steht, sich selbst zu dem machen zu müssen, was es ist.

Lichtenberg, den der nur wenig gebildete Nietzsche genau gekannt haben muss, hatte es in unübertroffener Klarheit hundert Jahre vorher ausgesprochen. *Gott schafft die Tiere, der Mensch schafft sich selber.* Der »Übermensch« ist der Mensch, der die Angst überwindet, die von dieser in jeder Hinsicht überfordernden Verpflichtung ausgeht, und beginnt, nach dieser Elementarbedingung menschlichen Seins zu leben.

Die Unterwerfung sowohl unter die christliche Heilslehre wie die Entwicklung der Natur haben den Menschen zu einem verächtlichen Wesen werden lassen, das in seinem Leiden an sich selbst zum größten Feind seines eigenen Daseins geworden ist. Das poetische Delirium des Philosophen im ›Zarathustra‹ ist ein verzweifelter Aufschrei gegen alles Elend unserer Existenz, Absage an den metaphysischen Ekel vor der Würdelosigkeit eines Wesens, das seine Not unablässig reproduziert, und doch Herr seiner selbst sein könnte. Was Nietzsche fordert, ist der Menschen-Mut, sein zu wollen, was man sein kann.

Mit Politik hatte das gerade so viel zu tun, wie sie bisher die Gebote einer »Zwergenmoral« in verbindliche Zwangsordnungen fügte. Vom Staat gar, auf den sich schließlich alle Veränderungshoffnungen deutscher Bildungsseligkeit ausrichten sollten, stand für Nietzsche am wenigsten zu erwarten. *Dort, wo der Staat aufhört, da beginnt erst der Mensch, der nicht überflüssig ist: da beginnt das Lied des Nothwendigen, die einmalige und unersetzliche Weise.*

Nietzsche hat zeit seines produktiven Lebens Musik in Philosophie übersetzt; für sein Spätwerk des ›Zarathustra‹ gibt es den einzigartigen Fall einer Übersetzung in Musik. Richard Strauss‹ symphonische Dichtung ›Also sprach Zarathustra‹ ist großartig, und scheußlich, und beides zugleich, in untrennbarer

Vermischung, heroisch und sentimental. Genau so, wie die philosophische Vision schließlich gewirkt hat, die zu dieser Musik inspirierte. Wie verräterisch ist es noch heute, wie leicht man sich täuscht, und in ihr die musikalische Untermalung der goebbelsschen Wochenschau und der Sondermeldungen des OKW zu hören meint.

Nietzsches Vision des »Übermenschen«, auf die die anthropolitischen Machthaber sich so gerne beriefen, aber war eine Vision eines künftigen Menschen gewesen, der gerade nicht mehr heroisch, der nicht mehr sentimental sein müsste: weil er Herr seiner selbst und der Welt, in der er zu leben hat, geworden wäre, ohne dazu seinesgleichen mehr zu Sklaven machen zu müssen.

In dieser Sehnsucht stand Nietzsche seinem historischen Antipoden Karl Marx unvergleichlich näher als einem Bismarck, mit dem Alfred Baeumler ihn 1931 in seiner Schrift ›Nietzsche der Philosoph und Politiker‹ zusammenspannte und der kleinen Schar intellektueller Nationalsozialisten als Ideologen ihrer Politik empfahl. Tatsächlich hatte Nietzsche den preußischen ersten Minister verachtet wie nur wenige und dessen »Realpolitik« geradezu für das Kulturverhängnis schlechthin gehalten, für ebenso verderblich wie den Antisemitismus, der sich gegen Ende des 19. Jahrhunderts in den europäischen Gesellschaften auszubreiten begann, in denen der ewig kränkelnde Nomade Nietzsche sich auf seiner Suche nach erträglichen Lebensumständen rastlos bewegte.

Wirklich wesensverwandt war der Nationalsozialismus nicht den hoffnungslosen Einsiedler-Träumen von einem verwandelten Menschsein des von seinen Migränen geplagten Philosophen, der kaum seinen Alltag zu bewältigen wusste, sondern den Ideologen der »Realpolitik«.

Deren eifrigster Verfechter im Zweiten Kaiserreich, der honorige Professor Heinrich von Treitschke, der bis nach dem Zweiten Weltkrieg eine der verbindlichen historischen Autoritäten des deutschen Bildungsbürgertums bleiben sollte, hat nicht nur im November 1879 in seinem Aufsatz ›Unsere Aussichten‹ in den ›Preußischen Jahrbüchern‹ die Parole »Die Juden sind unser Unglück!« geprägt, er hat auch die äußerste Konsequenz der reinen Machtpolitik in aller Deutlichkeit benannt, als er in seinen nach der Bismarckschen Reichsgründung an der Berliner Universität gehaltenen Vorlesungen über ›Politik‹ den – so wörtlich – »Völkermord« als ein zulässiges Mittel zur Herstellung nationaler Einheit rechtfertigte.

Nietzsches einsames Phantasma vom »Übermenschen« sollte schließlich nicht, wie er es sich erträumt hatte, eine geistige Elite inspirieren, sondern deren denkbar entferntesten Gegenpol eines verkümmerten Lebens, das zu keinem Gedanken an Selbststeigerung weder fähig, noch willens war. Es wurde zur Parole verdruckster Faulheit eines Menschseins, das seine Selbstungewissheit schließlich durch Massenmord zu kompensieren trachtete.

Danach kann es nur als abwegig erscheinen, in Nietzsches Sehnsucht Künftiges über diese Implosion des europäischen Humanismus hinaus angelegt zu vermuten, in ihr mehr als eine beispiellose historische Perversion zu sehen, nur Marxens Schicksal vergleichbar.

Aber die epochale historische Erfahrung des 20. Jahrhunderts, die Aufgaben für ein ganzes weiteres hinterlässt, ist die Wiederholung eben des Schocks, unvordenklich potenziert, dessen Erfahrung Nietzsche im ›Zarathustra‹ zu gestalten suchte: zu bemerken, dass wir noch keine Menschen sind, gemessen an der Menschlichkeit, zu der wir fähig wären, brächten wir nur den Mut auf, sein zu wollen, was wir sein könnten.

Das Geheimnis seines »Übermenschen« ist der Protomensch, die Entdeckung der Vorläufigkeit aller jeweils gerade existierenden Gestalten des Menschseins. In keiner ist erfüllt, was zu sein menschenmöglich ist. Kein Mensch ist schon der Mensch, der zu werden in einem jeden als Verpflichtung angelegt ist. Die Chiffre des »Übermenschen« ist gedacht, Schopenhauers Wahrheit der Verzweiflung, den Menschen als die ewige »Fabrikware der Natur« aufzukündigen.

In *dieser* Perspektive hat Nietzsche seinen Platz in der neu zu denkenden Neuzeit, die zu ihrem größeren Teil noch vor uns und nicht hinter uns liegt, als Bewahrer und Erneuerer ihres Anspruchs auf ein menschengerechtes Menschsein.

Politik als plastische Chirurgie

Das unabgeschlossene Jahrhundert

In unserer Zeitrechnung ist das 20. Jahrhundert beendet; in seinen Ereignisverkettungen aber noch lange nicht abgeschlossen. Sie setzen sich über das Datum seiner letzten Jahreswende hinaus fort.

Unabsehbar.

Eines der Zentralmotive, die sich bei näherem Hinsehen als Energiezentren dieser Ereignisverkettungen erweisen, ist das Motiv einer Verwandlung des Menschen. In seiner Gestalt einer Vision des »Neuen Menschen« bietet es eine der großen kulturgeschichtlichen Konstanten. Ich verstehe sie als ein ›Leitfossil‹ einer Archäologie der Humanität, deren Aufgabe darin besteht, die unterirdischen Stränge einer Elementargeschichte, die unter der Ereignisgeschichte verläuft, freizulegen. Sie bildet den Horizont, unter dem noch die jüngsten Phänomene einer rein wissenschaftlichen Veränderung von Elementen unserer Menschlichkeit wahrzunehmen sind, von Elementen, die bisher selbstverständlich als ihre unveränderlichen Bestandsstücke gelten konnten.

Auf extremste Weise diskreditiert ist dieses Motiv durch Himmlers »blonde Bestie« und Stalins »Sowjetmenschen«. Mit diesen beiden Bezeichnungen verbinden sich die furchtbarsten Katastrophen, die Menschen in den vergangenen hundert Jahren Menschen bereiteten. Sie waren in jeder Hinsicht Menschheits-Katastrophen, die das Verständnis des Menschseins im Kern berühren: und zwar derart, dass es nun wieder völlig offen ist, was dieser Kern ist, ja ob es einen solchen Brennpunkt der Humanität überhaupt gibt.

Diese beiden Extreme markieren nun allerdings nur zwei Varianten einer viel umfassenderen Strömung in der europäischen Kulturgeschichte. Die politisch wirksam gewordenen Visionen des Neuen Menschen im 20. Jahrhundert sind späte Gestalten einer alten Sehnsucht.

Lenken wir zunächst den Blick zurück in deren ältere Vor-Geschichte.

Seit dem 18. Jahrhundert treten in Europa verstärkt Visionen der Menschen-ver-wandlung auf, besonders in der Literatur. Anhand zweier literarischer Auftritte eines derartigen neuen Denkens der Menschenwandlung will ich versuchen, zu kennzeichnen, was mir ein Schlüsselmotiv für die neuere europäische Kulturgeschichte zu sein scheint: das Motiv einer Arbeit am Körper.

Als Gegenstand kulturhistorischer Forschung ist dies nicht neu, spätestens seit Michel Foucaults späten Studien ist ihm wachsende Aufmerksamkeit zuteil geworden.

Eine bestimmte Dimension an ihm ist allerdings bis jetzt wenig beachtet, und mir kommt es darauf an, die Aufmerksamkeit auf sie auszudehnen: nämlich das Motiv einer Arbeit am Körper als Medium gezielter, beabsichtigter Veränderung des Menschseins, die schließlich in Visionen einer künstlichen Herstellung »Neuer Menschen« mündet.

Mit einem historischen Rückblick zunächst anhand literarischer Zeugnisse ergibt sich – so jedenfalls meine Hoffnung – in der Verlängerung dieser Perspektive auch eine erweiterte Wahrnehmungsmöglichkeit der ganz aktuellen Vorgänge einer wissenschaftlichen Dynamik, die anhand der Technisierung der neuen Wissenschaft der Biochemie die jüngste Phase in dieser Kulturgeschichte einer Ver-Wandlung des Menschseins eröffnet.

Maschinen-Erotik

Beginnen wir mit einem Stück, das sich nach beinahe zweihundert Jahren als von geradezu beklemmender Aktualität erweist.

Es ist ein Stück der »schwarzen Romantik«, die nicht selten eine Hellsicht im Bezeichnen von Bedeutungsfluchtlinien zeigt, die alle nüchternen Kalkulationen eines Rationalismus überragt, der sich zur selben Zeit selbst als Motor der Kulturgeschichte zu verstehen beginnt. Diese romantische Hellsicht im Erkunden der Dunkelheiten berührt manchmal noch unheimlicher als die artistischen Kunstgriffe ihrer Schauer- und Gruselgeschichten. Besonders, wenn man sieht, zu welchen Verdunkelungen des menschlichen Lebens dagegen der Rationalismus im Laufe seiner bisherigen Entfaltung tatsächlich geführt hat.

1817 erscheint der erste Teil von Ernst Theodor Amadeus Hoffmanns ›Nachtstücken‹. Die erste Novelle in dieser Sammlung literarischer Expeditionen in unerforschte Seelen-Abgründe setzt einen Merkstein in der Geschichte der Wandlungs-Visionen des Menschen. Sie markiert bereits an ihrem Beginn die extremen Pole und die äußersten Problembereiche, mit denen diese Geschichte es zu tun bekommen wird, Problembereiche, in die unsere Zivilisation von Cyberspace und Ersatzorgan-Züchtung gerade ganz einzutreten beginnt.

Es handelt sich um die Novelle ›Der Sandmann‹.

Die Hauptlinien der Geschichte sind schnell erzählt: ein junger Mann von recht schwärmerischem Gemüt, labil und dem Unheimlichen zugeneigt, dem er sich schon als Kind in den Schauern der Angst-Lust freiwillig aussetzte, verlässt nach einschlägigen Erfahrungen seine Heimatstadt, um in einer anderen zu studieren, bei einem berühmten Physiker. Treueste Begleiter sind auf diesem Weg seine okkulten Visionen. Sie knüpfen sich an die Person eines

Freundes seines Vaters, dem er die Schuld an dessen Tod zuweist, den er vermutlich bei gemeinsamen alchimistischen Experimenten fand. Immer stärker ist er davon überzeugt, in diesem Freund des Vaters, der ihn schon als Kind beinahe zu Tode erschrocken hätte, einem Boten des Teufels zu begegnen. Seine Nöte, die er seiner Braut mitteilt, werden von dieser in bodenständiger Vernünftigkeit als Ausgeburten überhitzter Phantasie abgetan. Das verletzt den sentimentalen Schwärmer tief; er wendet sich von ihr ab und, sie ein *lebloses verdammtes Automat!* schimpfend, flieht er zurück auf seine Universität. Dort verfällt er einer heillosen Leidenschaft zu Olimpia, der Tochter seines Professors. Blind vor Begehren, übersieht er deren wahre Natur: dass sie nämlich keine hat, sondern ein Androide ist, ein mechanisches Experiment, das sein Professor in zwanzigjähriger Arbeit geschaffen hat und in seiner Wirkung an ihm nun gezielt erprobt. Als er dies endlich entdeckt, wird er wahnsinnig; dank der Pflege seiner treuen Clara findet er langsam ins Leben zurück. Da kommt es auf einem Ausflug, den der scheinbar Genesene mit Braut und Schwager unternimmt, zu einer weiteren Begegnung mit jenem vermeintlichen Teufelsboten; in einem neuen Wahnsinnsausbruch findet Nathanael den Tod.

Dieser imaginierte Fall aus der Psychopathologie der modernen Seele ist für das Motiv einer Arbeit am Körper als eines geheimen, ihre Bewegungen miteinander verknüpfenden Bandes der europäischen Kulturgeschichte in zweierlei Hinsicht besonders aufschlussreich.

Das Moment der Faszination durch die Vorstellung einer technischen Reproduktion des menschlichen Körpers wird noch überboten von der anderen, dass eine solche Vortäuschung des Menschlichen derart vollkommen gelingen könnte, dass sie einen wirklichen Menschen glauben machen kann, in ihr einem Menschen zu begegnen.

Ja mehr noch: dass sie in der Lage wäre, menschliche Empfindungen in ihrem Gegenüber zu wecken, und sie ins Extrem zu steigern, wie es ein wirklicher Mensch aus Fleisch und Blut nicht könnte. Die Leidenschaft, die Nathanael für den Automaten Olimpia entwickelt, vermag die wirkliche Frau Clara nicht zu entfachen, die er in seiner Verblendung einen Automaten nennt.

Das ist der äußerste Pol der möglichen Erwartungen, die sich an künstliches Menschsein richten lassen: dass es in ihnen zu der Vollendung des Menschlichen kommen könnte. Die Erfahrungen der wirklichen Menschen miteinander können nur eine Sehnsucht nach ihr wecken, die unerfüllt bleibt.

Eine größere Perversion ist kaum denkbar.

Aber sie ist eben genau dies: denkbar. Und damit wird sie zum bleibenden Stachel aller Visionen einer Ver-Wandlung des Menschseins. Er begleitet alle Erwägungen, alles Suchen nach Mitteln zu solcher Wandlung, und lässt schließlich die Möglichkeiten des Technischen, des Künstlichen in ihren Erwartungskreis hineinziehen.

In Hoffmanns Glanzstück ist es bezeichnenderweise der schrullige Professor der Poesie und Beredsamkeit, der der begeisterten Gesellschaft, in welcher der Physiker sein letztes, entscheidendes Experiment mit seiner Androiden-Tochter wagt, offenbart, um was es sich tatsächlich handelt: *Hochzuverehrende Herren und Damen! Merken Sie denn nicht, wo der Hase im Pfeffer liegt? Das Ganze ist eine Allegorie – eine fortgeführte Metapher!* Aber die Welt will betrogen sein, und in der Neuzeit schließlich immer mehr vom Schein der Techniken. So sehr, dass die technischen Leistungen schließlich die menschlichen als minderwertig abzuqualifizieren beginnen. Auch dies hat Hoffmann vorhergesehen, als er die neue Begeisterung für den Kunstmenschen mit Argwohn gegen die wirklichen einhergehen sah: *die Geschichte mit dem Automat hatte tief in ihrer Seele Wurzel gefaßt und es schlich sich in der That abscheuliches Mißtrauen gegen menschliche Figuren ein.*

Mit den Künsten vertraut, war es dem Professor der Poesie und Beredsamkeit in seiner Zuversicht, die Welt wolle und solle aufgeklärt sein, ein Leichtes, den Mechanismus zu durchschauen, der in der Faszination von der Mechanik am Werk ist, die vorgibt, lebendig zu sein: es ist das alte artistische Begehren, das sich in die neuen Gefilde des Technischen auszubreiten begonnen hat, der uralteste Ehrgeiz des Künstlers, der seine Fertigkeiten in der Scheinproduktion so zu vervollkommnen strebt, dass seine Nachahmungen den Wirkungen ihrer wirklichen Vorbilder gleichkommen, ja sie übertreffen. Die Anekdoten darüber, wie Maler miteinander darum wetteifern, gehören mit zu den ältesten Überlieferungen. Der Traum vom vollendeten Menschen ist ein Künstlertraum. In den Epochen, in denen er bisher geträumt wurde, ist es ausgeschlossen gewesen, sich seine Verwirklichung anders als ästhetisch vorzustellen. Unsere Zivilisation scheint begonnen zu haben, diese Grenze nun zu überschreiten.

Der künstliche Mensch in Hoffmanns Erzählung ist ein Gebilde aus Mechanik und, so suggeriert jedenfalls seine Erzähltechnik der Anspielungen, teuflischer Beseelung. Hier kommt die Technik noch nicht ohne Beihilfe der Natur aus, und wäre es auch in Gestalt der Gegen-Natur des Rivalen göttlicher Schöpfung. Das Kräftemessen zwischen Schöpfer und Verderber bildet noch die mythische Folie dieser über ihre Zeit sonst so weit hinausspringenden Imagination künstlichen Menschentums.

Wie aber wäre es, wenn die Technik der Verwandlung in der Immanenz der menschlichen Leiblichkeit verbliebe, sich *im* Leib, so wie er uns von Natur überliefert ist, abspielte?

Auch dies müsste wohl, zunächst, eine Praxis der Kunst sein, ästhetisches Werk.

Der Polyhistor der Gesellschaftsgeschichte des 19. Jahrhunderts hat einen ersten Ausblick darauf gegeben. Er steht der Unheimlichkeit des technologisch faszinierten Hoffmann in nichts nach, auch wenn er ganz ohne Teufelswerk auskommt und seine Verwandlungs-Geschichte eine Geschichte reinen Menschenwerks ist: Balzac in seiner Novelle ›Sarrasine‹. Sie erscheint zuerst 1830, und ein Jahrzehnt später nimmt Balzac sie in den gigantischen Korpus seiner ›Comédie humaine‹ auf. So lustig geht es freilich in ihr gar nicht zu, sondern tragikomisch. Auch sie ist eine Geschichte der Verwechslung, der unbemerkten Täuschung, beruhend auf Ergebnissen einer Arbeit am Körper.

Sarrasine schrie fast vor Vergnügen. Er bewunderte hier die ideale Schönheit, deren Vollkommenheit er bisher in der Natur stückweise hatte suchen müssen, indem er von einem oft unwürdigen Modell die Rundung eines vollendeten Beines, von einem anderen die Formen des Busens, von einem dritten die glänzenden Schultern und schließlich von einem jungen Mädchen den Hals, von dieser oder jener Frau die Hände, von einem Kinde die blanken Knie nahm, ohne daß er je unter dem frostigen Himmel von Paris die vollendeten und runden Gestalten des antiken Griechenlands gefunden hätte. Die Zambinella zeigte ihm lebendig und graziös in herrlicher Vereinigung die köstlichen Formen der weiblichen Gestalt, nach denen er so brennend begehrt hatte, für die ein Bildhauer immer zugleich der strengste und der leidenschaftlichste Richter ist. Sie hatte einen sprechenden Mund, Augen der Liebe, einen Teint von blendenden Farben. Und zu diesen Einzelheiten, die einen Maler entzückt hätten, füge man alle Wunder der Venus, wie sie der Mei-

ßel der Griechen gestaltet hat. Der Künstler wurde nicht müde, die unnachahmliche Grazie, mit der die Arme zur Brust übergingen, oder die zauberische Rundung des Nackens, die schön geschwungenen Brauen, die Linien der Nase, das vollkommene Oval des Gesichts, die Reinheit ihrer lebhaften Konturen und die Wirkung der dichten, schwungvoll gebogenen Wimpern zu bewundern, die den Abschluß der großen, wollüstigen Lider bildeten. Das war mehr als ein Weib, was da vor ihm lebte, es war ein Meisterwerk! Dieses unerwartete Wesen hatte Liebe in sich zum Entzücken aller Männer und Schönheiten zur Befriedigung jedes Kritikers. Sarrasine verschlang die Statue Pygmalions, die für ihn von ihrem Sockel gestiegen war, mit den Augen. Als die Zambinella sang, entstand ein Rasen der Begeisterung. Den Künstler überlief es kalt; dann spürte er, wie ein Feuer in seinem Innersten, an der Stelle, die wir das Herz nennen, weil uns das Wort fehlt, auflohte (Honoré de Balzac, Facino Cane – Sarrasine. Zwei Novellen, dt. v. Hedwig Lachmann, Insel-Bücherei Nr. 19. Leipzig o.J.).

Der Bildhauer Sarrasine zerlegt die ihn überwältigende Erscheinung der prima donna Zambinella so, wie er gewohnt ist, seine Statuen aus den Merkmalen verschiedener Modelle und Erinnerungen zu komponieren, bis sie die Gestalt annehmen, zu deren Vorstellung ihn seine Modell-Studien anregen. Im zugleich analysierenden und synthetisierenden Blick des Bildhauers entsteht die Idee einer vollendeten Gestalt des menschlichen Körpers. In seiner Vorstellung ist das verwirklichte Ideal die Synthese von Elementen des Unvollkommenen zu einer anderen Wirklichkeit. In ihr sind sie von dem Unvollkommenen, dessen Teil sie in ihrer eigenen Wirklichkeit als Teil eines Organismus sind, befreit. Den wirklichen Körpern müssen ihre makellosen Elemente entnommen werden, deren Neuarrangement die ideale Gestalt erzeugt. Diese Arbeit am Körper ist Künstler-Arbeit.

Der künstlische Mensch Zambinella, der ein wirklicher Mensch, aber eine künstliche Frau ist, entsteht durch einen Eingriff, der durch eine organische Veränderung am Leib eines lebendigen Menschen dessen natürliche Bestimmung unterbindet: durch die Entfernung der Keimdrüsen kann aus dem männlichen Kind kein Mann werden; in seinem Heranwachsen entsteht ein von der Natur nicht vorgesehenes Wesen, aus der unterbundenen Vollendung einer natürlichen körperlichen Entwicklung geht ein Wesen hervor, das nicht Mann ist, und nicht Frau.

Am und im Leib vollzieht sich eine Verwandlung einer Menschenform.

Werkstück Körper

In beiden Novellen treffen wir auf Symptome einer Fremdheit zu jenem Leib, der wir *sind*. Und den wir eben nicht nur *haben* . Genau diese Fremdheit scheint mir die Bedingung dafür zu sein, einen anderen Leib als das Gegenteil dessen erleben zu können, was er wirklich ist; und dies in einer Sinnesintensität, die der tatsächliche Leib, der wirklich *ist*, was diese künstlichen Körper nur zu sein vorgeben, nicht erregen kann. Keine wirkliche Frau hat ihre Hauptfiguren so zu beeindrucken vermocht wie die künstlischen Geschöpfe, die von ihnen für Frauen gehalten werden.

Das sollte bloßer Wahn des Begehrens sein?

Die Überzeugung beider Opfer-Figuren, Nathanaels ebenso wie Sarrasines, von der Begegnung mit einer bis dahin weder erlebten, noch für möglich gehaltenen menschlichen Vollendung weist auf eine andere Spur. Sie führt zu einer Unerfülltheit in unserer Seinsform als Menschen, die von den europäischen Künsten immer wieder, in nahezu unendlicher Variation bezeugt worden ist. Es muss dieses elementare Ungenügen an uns selbst, an dem, *was* und *wie* wir sind, sein, was die Verführbarkeit durch das Schein-Menschliche bedingt, das den Eindruck eines Vollendet-

Menschlichen erweckt. Nathanael und Sarrasine überleben ihre Selbst-Täuschung nicht. Man kann kaum anders, als der darin liegenden rhetorischen Suggestion zu folgen, und – zugegeben, etwas vulgäranalytisch – darin eine Entlarvung der Idee eines anderen, eines vollendeten Menschen zu sehen. Der Wunsch, wie Fausts Famulus Wagner ihn in seinem Laboratorium äußert, während er damit beschäftigt ist, den Homunculus zusammenzubrauen, der Mensch solle schließlich *mit seinen großen Gaben/Doch künftig reinern, höhern Ursprung haben*, wirkt da wie eine Verkleidung des ungleich tieferen Wunsches nach Selbst-Aufhebung.

Diese Symptomatik einer menschlichen Selbst-Verkennung als Bedingung dafür, in einem nichtmenschlichen Gebilde eine Vollendung des Menschlichen zu sehen, weist auf eine Art von Verhängnis hin, das in unserer Kulturgeschichte zu wirken scheint, ein Verhängnis, das sie zu einer Selbst-Verwechslungsgeschichte macht. Die Arbeit am Leib, die seit einigen Jahrhunderten in Europa in einem Prozess zunehmender Subtilisierung tatsächlich stattfindet, ist Arbeit an einem Leib, der behandelt und verstanden wird, als »hätten« wir ihn, der wir tatsächlich doch »sind«.

In ihr entfaltet die vielberedete Spaltung ihre Konsequenz, die am Beginn der neuzeitlichen Wissenschaft steht, die Bedingung der Rationalität ist: die Spaltung zwischen Haben und Sein, Sein und Denken, Denken und Empfinden. Die von der »res extensa« getrennte »res cogitans« des Descartes nimmt als ratio den Leib in ihre Verfügung. Sie macht ihn zu einem Werkstück für ihre körperlosen Begehren nach einem Sein, das zu seiner Wirklichkeit keiner Materie mehr bedürfte. In seinem Ursprung ist das Phantasma einer »virtuellen Existenz«, das in der elektronischen Zivilisation möglich zu werden scheint, ein Stück elementarer Körpererfahrung als Mangelerfahrung.

Ist der Blick für diese Tiefenebene der neueren Kulturgeschichte erst einmal geschärft, aus der sich die Vorstellungen einer Arbeit am Körper speisen, so entdeckt man, wie die Einsickerung derartiger Körperphantasmen in die Visionen der Politik etwa seit der Mitte des 19. Jahrhunderts zu einem ihrer Faktoren wird; in der ersten Hälfte des 20. erreichen sie schließlich den Rang von Politikbestimmung.

Ich will das nicht geradezu ein romantisches Rezidiv, gar eine späte Politisierung der Romantik nennen. Das wäre denn doch in der damit verbundenen Suggestion von Ursächlichkeit und direkter Beeinflussung etwas zu forsch. Derartige unmittelbare Wirkungen dürften äußerst selten sein. Sogar in dem offensichtlichen Fall eines Lenin, der von Tschernyschewskijs großer Gestaltung des literarischen Motivs eines Neuen Menschen in seinem Roman ›Was tun?‹ nicht nur den Titel übernommen haben dürfte. Aber unübersehbar ist doch, dass zunehmend in politischen Kontexten auftaucht, was zuvor rein künstlerischen Charakter zu haben schien, so stark schließlich, dass die ursprünglich künstlerischen Phänomene – die der übrigen Kultur immer vorangehen, in diesem Fall um ein ganzes Jahrhundert – die Analyse des Politischen anleiten können. Diese Motivwanderung ist mehr als ein ästhetischer Vorgang; aber die ästhetischen Kategorien lassen sichtbar werden, um was es sich bei ihr handeln könnte.

Meine Vermutung in diesem gesamten Komplex lautet deshalb, es mit verschiedenen Versionen einer unsere Geschichte in ihren Tiefendimensionen bestimmenden Bewegung zu tun zu haben. Überlegungen, wie diese, die ich Ihnen zu umreißen versuche, sind also Versuche, Symptome von etwas ausfindig zu machen, von dem sich vermuten lässt, dass es prägende Gewalt besitzt, das aber weder offensichtlich, noch direkt zugänglich ist.

Die Übersetzung von Balzacs ›Sarrassine‹, aus der ich Ihnen zitiert habe, stammt von Hedwig Lachmann, und sie findet sich im Band 19 der Insel-Bücherei. In meinem Exemplar – eines aus dem 41. - 45. Tausend der Gesamtauflage – findet sich auf dem Vorsatzblatt folgende handschriftliche Notiz: *Dein Leben ist gebunden an das Leben deines ganzen Volkes! (Der Führer) Weihnachten 1936 Arbeitsdienstlager X/22.*

Selten begegnet einem das Glück solch schlagender Belege. Nehmen wir an, der Vorbesitzer meines antiquarischen Fundstükkes hat die Novelle von Sarrassines furchtbarer erotischer Selbst-Täuschung, diesen Alptraum körperlicher Irreführung, in jenem Winter 1936 gelesen, als er sich im Arbeitsdienstlager befand. Dann hätten wir den anonymen, und deshalb zu repräsentativer Wahrnehmung geradezu einladenden, Fall, dass ein, ausweislich des selbstgewählten Mottos, offenbar willfähriges und gläubiges Objekt einer neuen, zunehmend forciert nun staatlich betriebenen Arbeit am Körper eine Vision katastrophaler Folgen einer anderen, damals bereits ins kulturhistorische Abstrusitätenkabinett entrückten, Arbeit am Körper aufgenommen hätte. Ein Opfer, das sich wahrscheinlich nicht als ein solches erfahren haben wird, erfährt von einem Opfer. Ein lebendiges »Werkstück Mensch« liest von der Erfahrung einer extremen Verstörung in der Begegnung mit einem anderen solchen »Werkstück Mensch«.

Der »Führer« dieses vermutlichen Lesers einer Geschichte aus der Frühzeit der Arbeit am Körper, der sie inmitten einer neuen Form dieser Arbeit am Körper aufnimmt, hat über deren Sinn und Zweck niemanden im Unklaren gelassen. Dieser Leser ist eines der Individuen gewesen, die als ein biologisches Werkstück in der Arbeit an der Hervorbringung eines neuen »Volkskörpers«

dienen mussten. Der für jeden verpflichtende Arbeitsdienst trug zu jener »Körperertüchtigung« bei, die eines der Mittel zu dieser Praktik einer staatlichen Menschenformung war. Deren Ziel bildete eine biologische Neubestimmung des »deutschen Volkes«.

Hören wir dazu ein Stück authentischen Zeitgeistes im Originalton.

Mittlerweile ist in den letzten Menschenaltern von einer ganz anderen Seite her die Wichtigkeit wieder hervorgehoben worden, die die leib-seelische Beschaffenheit der Bevölkerung – sagen wir kurz: das Blut – für das Kulturdasein der Menschheit besitzt: von der biologisch-anthropologisch-rassenkundlichen Forschung her. Der Einbau der Ergebnisse dieser Forschung in die Staatslehre ist eine der wichtigsten Aufgaben, die die Zukunft zu lösen hat. Was wir wieder lernen müssen, ist dieses: daß zwar der Geist der Demiurg der Menschenwelt ist, daß er aber immer gebunden erscheint an die Beschaffenheit der einzelnen Menschen nach deren Menge und Art, daß wir ihn mit einem Worte als »blutsbezogen« betrachten müssen. Den leibfremden Rationalismus der vergangenen Epoche gegenüber betonen auch wir mit allem Nachdruck, daß die »Leibidee« aus unserem Ideenschatze, am wenigsten in der Staatslehre, nicht ausgeschaltet werden darf. Der praktische Staatsmann aber, in dem der Sinn für die »Leibidee« wieder lebendig geworden ist, hat sich die Frage vorzulegen, ob und gegebenenfalls wie er sich die Erkenntnisse der modernen Wissenschaft zunutze machen kann. So Werner Sombart in seiner 1934 erschienenen Schrift ›Deutscher Sozialismus‹.

Für einen der Mandarine der deutschen Bildungsschicht, die sich etwas darauf zugutehielt, das Programmbuch des »praktischen Staatsmannes« nicht gelesen zu haben, der sich nun anschickte, die – im ursprünglichen Wortsinn – revolutionärste, nämlich fast alles tatsächlich umwälzende, deutsche Politik des vergangenen Jahrhunderts zu machen, ist diese Nähe zu Hitlers Entwürfen einer rassischen Bevölkerungspolitik frappant. Der dem niederen Tagesgeschehen doch gewöhnlich so vornehm fern bleibende Wissenschaftler formuliert, unverkennbar um Anschluss an die neue große Zeit bemüht, im Sprachkleid eines autoritären wissenschaftlichen Diskurses, was an Zeitgeist in der Luft lag, aus dem der nationalsozialistisch restrukturierte Staat sich anschickt, eine bis ins kleinste Detail durchgeplante Politik der Menschenformung zu machen.

In der Anthropolitik des NS-Regimes wird der Leib zum Ereignisfeld praktischer Politik. Die Machttechniker eines ideologisierten Staatsapparates greifen schließlich in die wirklichen Körper der Individuen ein, um den metaphorischen Volks-»Körper« verwandelt neu hervorzubringen. Aus rassistischen Ideologen werden Praktiker einer politischen Chirurgie.

Ihre Techniken sind die staatlich kontrollierte Körperertüchtigung als Kern der Jugenderziehung, die gezielte Einwirkung auf das Fortpflanzungsverhalten der Bevölkerung, die Sterilisation aller Träger von »Erbfehlern«, schließlich die Ermordung aller Verkörperungen unerwünschter Lebensformen, um nur die wichtigsten zu nennen. Und, so muss man diese Linie sich fortgesetzt denken, hätte es die Möglichkeit dazu bereits gegeben, auch biochemische Eingriffe in die genetischen Substanzen. Vom Anfang des Regimes an gibt es im Reichsgesundheitsamt die »Abteilung J«, die sich vordringlich mit eben dieser »Biochemie« befasst. Bereits 1934 bezeichnet der Leiter dieses Reichsgesundheitsamtes, Hans Reiser, die Koordination der Forschungsergebnisse zu einer »Biopolitik« als dessen Hauptaufgabe.

Gemessen am Völkermord als der letzten Stufe der Entschlossenheit, für absolut erklärten Merkmalen des Menschseins ausschließliche Wirklichkeit zu verschaffen, ist die für alle totalitären Regime typische Zwangseingliederung jedes einzelnen in eine unablässige Kette von Gemeinschaftsaktivitäten noch die harmloseste Vorstufe. Aber auch sie ist bereits von der Verfügung über den Körper bestimmt, die darin besteht, jedem einzelnen durch die vorgegebene Einteilung seiner Zeit jede freie und spontane Bewegungsmöglichkeit zu nehmen. Und alle Formen des totalitären Gemeinschaftslebens, von der HJ über die Sportorganisationen bis zu den KdF-Reisen, sind durch körperliche Aktivität gekennzeichnet. Eine wesentliche anthropolitische Strategie besteht darin, die Körper der »Volksgenossen« in einer unablässigen, gesteuerten und kontrollierten Bewegung zu halten, vom rituellen Massenaufmarsch auf Parteitagen und Olympiade, bis zu den Heerzügen der Wehrmacht durch Europa.

Der zum Träger des »Volkstums« erklärte Körper wird zum Medium einer Dynamik staatlicher Machtentfaltung. Dies reicht noch bis zu den Massenbewegungen der Flüchtenden und Vertriebenen in der Zusammenbruchsphase des anthropolitischen Regimes. Die Anthropolitik vollzieht sich, und scheitert schließlich, im Taumel einer erzwungenen Massenbewegung von Millionen Körpern.

Wahrung der Möglichkeiten

Die Geschichte der Freiheit ist die Geschichte der Einsetzung des Einzelnen als Herrn über seinen Körper. Das Recht auf alleinige Verfügung über seinen eigenen Leib ist in Europa erst seit der habeas-corpus-Akte der englischen »glorious revolution« verbürgt. Aber seither nie unangefochten und noch weniger garantiert gewesen. Jede Einschränkung der Freiheit beginnt mit der Einschränkung des individuellen Körperbesitzes. Es war die Willkür, mit der das ancien régime zuletzt über die Körper seiner Untertanen im Missbrauch der lettres de cachet des absolutistischen Königtums verfügt hatte, die zu einem Anlass jener Revolten wurden, aus denen die Französische Revolution entstand: als

Aufstand gegen die Ungewissheit des Selbstbesitzes, verstanden als Verfügung über den eigenen Körper.

Wie sehr diese Verfügungsgewalt Kern der Freiheit und die Bedingung der Humanität ist, das wird in der historischen Situation ihrer extremsten Verneinung erst vollkommen sichtbar. Die Verfügung des Staates über die Körperbeschaffenheiten seiner Bürger wird im 20. Jahrhundert zu einem Zwangsmittel der Anthropolitik.

Es eskaliert im nationalsozialistischen Völkermord, der sich als Transformation lebendiger Körper in tote vollzieht.

Die ihn in Gang setzenden Motive staatlicher Machtausübung entheben ihn der grauenhaften Trivialität des einfachen Mordes, einem Körper die Lebensfunktionen zu nehmen. In der Shoah ging es – horribile dictu– nicht einfach um Tötung, sondern um die Verwandlung von menschlichen Körpern in reine Gegenstände, in Materie-Stücke.

Aus Leibern Leichen zu machen, das ist der unumgängliche Weg zur Herstellung einer reinen Virtualität einer biologisch-rassisch neu definierten Lebensform, der in eben dieser Neudefinition das Daseinsrecht abgesprochen wurde: »Jude« stand in der nationalsozialistischen Ideologie für eine Menschenform, die es nicht geben sollte. So gräßlich es klingt, aber mit der Tötung der als lebensunwert definierten Menschen erreichte die extremste Zuspitzung der nationalsozialistischen Anthropolitik noch nicht ihr Ziel; erst in der spurlosen Vernichtung der wirklichen Verkörperungen der zum Verschwinden bestimmten Menschenform wäre es erreicht: diese gibt es erst dann nicht mehr, wenn alle ihre Inkorporationen beseitigt wären, und zwar so vollständig, als hätte es sie nie gegeben.

Denn genau dies ist der Kern der anthropolitischen Existenzverwerfung: das Urteil, ein Menschsein solle es nicht geben, heißt so viel wie, es hätte nie sein dürfen. Deshalb müssen ihre Praktiker alles daran setzen, die Spuren seines Daseins, das es tatsächlich gegeben hat, vollständig zu beseitigen. Deshalb legten die Vollstrecker der Anthropolitik so großen Wert auf die Unterbrechung der genealogischen Kontinuität aller von ihnen zum Verschwinden bestimmten Menschenformen, auf die Unterbindung jeder Fortzeugungsfähigkeit aller Gestalten »lebensunwerten Lebens«. Genau in diesem Abbruch von Genealogien möglichen Lebens liegt das eigentliche Verbrechen der nationalsozialistischen Anthropolitik an der Menschheit.

In der industriell organisierten Vernichtung der Leiber derer, die nicht mehr als Menschen anerkannt sind, tritt die elementare Identität von Menschsein und Leibsein in furchtbarster Deutlichkeit hervor. Einen gewichtigeren Beleg hat es bisher für eine der tiefsten philosophischen Einsichten, die je ausgesprochen wurden, nicht gegeben, den Satz des Spinoza, alles Definieren sei Verneinen.

Die Biotechniken, wie sie von dem rasanten Fortschritt der zeitgenössischen Naturwissenschaften entwickelt werden, stehen unvermeidlich im Horizont dieser Biopolitik. Deren extreme Konsequenzen müssen bei der Bildung von Maßstäben ihrer Bewertung berücksichtigt sein. Und zwar nicht auch, sondern an erster Stelle. Das Kriterium, das daraus folgt, lässt sich in dem Begriff einer Wahrung der Möglichkeiten zusammenfassen.

Der Leib ist nicht nur die Grenze unseres Seins in der Welt, er ist auch das Medium dessen, was wir sein können. Mit jedem kulturellen Eingriff in ihn verändern sich diese Möglichkeiten. Jede Arbeit am Körper beginnt ein Spiel mit den Möglichkeiten des Menschseins.

Das muss nicht per se verwerflich sein – unter der Voraussetzung allerdings, dass es den Beteiligten bewusst ist, dass es genau darum geht, und ihnen die Wahl bleibt, einzuwilligen oder abzulehnen.

Honoré de *Balzac*, Facino Cane - Sarrasine. Zwei Novellen, dt. v. Hedwig Lachmann, Insel-Bücherei Nr. 19. Leipzig o.J., (56-58)

Werner *Sombart*, Deutscher Sozialismus, Berlin 1934 (186)

Andreas *Steffens*, Anthropolitik, in: ders., Philosophie des 20. Jahrhunderts oder Die Wiederkehr des Menschen, Leipzig 1999, 87-203

Andreas *Steffens*, Wie auf Bestellung. Mit Sarrasine im Arbeitslager, in: neue deutsche literatur, Heft 2/2001, 159-162

Splitter im Auge

Wiederkehr des Wirklichen in den Bildern

Voller Ehrfurcht war ich dem kleinwüchsigen großen Mann aus der Hotelhalle aufs Zimmer gefolgt, es gab wohl geplante Publikationen zu besprechen, und einer seiner zahlreichen Auftritte in der Region, dieses Mal in Essen, sollte Gelegenheit dazu geben. Die Art, wie er mich seiner Frau vorstellte, war so endgültig verschüchternd offen und gezielt provokant, dass ich die Prüfung in meiner Verwirrung, der sie wohl diente, nur schlecht bestanden haben kann: »Edith, hier bringe ich dir Herrn Steffens. Er hält mich für einen Lumpen.« Warum er meinte, dass ich das meinte, habe ich vergessen. Irgendeine seinerseits unvergessene Bemerkung bezogen auf seine Idee der »Nachgeschichte«, der ich mich lange widersetzte, muss es gewesen sein.

Das Treffen verlief dann wenig dialogisch, was nicht bloß an meiner Verwirrung lag; und wie ich das Feuerwerk seiner Einfälle nachher sortierte, weiß ich nicht mehr.

So entwaffnend, wie *Vilém Flusser* im persönlichen Umgang sein konnte, was eine souveräne Form des Selbstschutzes war, sofort Abstände herzustellen, so konventionslockernd waren seine theoretischen Einsätze. Sie alle bewegten sich im Konditionalis, waren sämtlich, wie einer seiner Buchtitel lautet, »Angenommen«. Ihre Brillianz und vollkommene Beherrschung der Überlieferung, mit der er so artistisch umsprang, ohne die Bezüge zu benennen, dass sie den meisten wohl verborgen blieben, täuschten darüber, dass hier einer nicht autoritativ, mit dem Anspruch neuer theoretischer Verbindlichkeit sprach, sondern als reiner Spieler. Er hatte keinen Anspruch. Er zog Linien einer intellektuellen Kür, die mit den Trümmern der Überlieferungen des geistigen Europa spielten, die er nicht mehr ernst nehmen konnte, die aber ernst zu nehmen waren, weil ihre historische Zerstörung nichts anderes gewesen war als die Folge einer welthistorischen Implosion von Humanität. Mit Versatzstücken aus den Trümmern des Zerstörten trieb er ein unendlich ernstes Geistesspiel. Da kein Wort mehr stimmte, könnte sich aus der freien Variation des Aufgehobenen ein Netz flechten lassen, dennoch weiterdenkend der »bodenlos« gewordenen Existenz wieder auf die Spur zu kommen. Das zu tun, muss die einzige Möglichkeit für den Intellektuellen gewesen sein, weiterzuleben, dessen Welt zerstört worden war.

Es hätte also nicht so sehr überraschen sollen, dass das wichtigste nachgelassene Werkstück aus dieser intellektuellen Trümmer-Artistik eine Anthropologie war. »Menschwerdung« war weit fortgeschritten, als Flusser am 27. November 1991 auf dem Rückweg von seiner Geburtsstadt Prag, das er zu einem Vortrag im Goethe-Institut zum ersten Mal seit der Emigration 1939 besucht hatte, tödlich verunglückte.

Seinem Andenken zum 10. Todestag gewidmet, nimmt der folgende Text einige Motive daraus auf, und bezieht sie im Spannungsfeld von Ästhetik, Bildtheorie und Anthropologie auf Gegenwartserfahrung.

Zu unserem Zeitbewusstsein gehört seit langem das Empfinden akuter Orientierungsverluste. Eine ganze Pseudoepoche lebte von deren Bestandsaufnahme. Am Ende eines Jahrhunderts der Abschiede und Verluste eindringlich über alles unterrichtet, was uns fehlt, scheinen wir inzwischen zu verzagt zu sein, noch nach dem zu fragen, was uns gegeben sein und womit sich rechnen lassen könnte.

In diese Leere begannen die Verheißungen der »Virtualität« zu drängen. Sie verspricht ungeahnte neue Füllen, ohne sich noch länger um deren Sicherstellung *als* Wirklichkeiten sorgen zu müssen. Genau das kennzeichnet sie, auf die Wirklichkeitsfrage an ihre Produktionen zu verzichten.

Und aus eben dieser unsere Lebensweise bereits so weitgehend und selbstverständlich bestimmenden neuen Sphäre des Medialen sprang uns mit buchstäblich terroristischer Gewalt die unübergehbare Macht des *Wirklichen* an.

In diesen Wochen einer unvermuteten – wenn auch nicht unvorhersehbaren – Ausnahmesituation erleben wir eine scheinbare Lichtung des Gestrüpps. Sie folgt der nach größter Vereinfachung verlangenden Logik der Panikabwehr. Die Welt scheint sich mit einem Mal in einer ebenso klaren wie elementaren Ordnung zu präsentieren: aus dem Schock über den plötzlichen Einbruch einer äußersten Unwahrscheinlichkeit wollen wir mit der ältesten Gewissheit des archaischen Unterscheidungsmerkmals erwachen, das alles an seinen Platz rückt: der von Gut und Böse, Freund und Feind.

Das muss nicht nur professionelle Nachdenklichkeit akut bedenklich stimmen.

Der sich im Ausnahmezustand so prompt einstellende Griff zum Elementaren an Unterscheidung macht nur ex negativo deutlich, wie desorientiert wir in den Selbstverständlichkeiten unserer Kultur tatsächlich sind.

Nichts aber ist so ungewiss wie die *Welt*, in der wir zu leben meinen. Die verendende Postmoderne wollte dem Reigen kulturkritischer Abschiede am Ende des 20. Jahrhunderts einen Abschied sogar von der Welt selbst noch hinzufügen. Aber wie ließe sich das Verschwinden von etwas feststellen, das es nie gab? Denn es ist *das* Charakteristikum von Welt, dass es sie nie gibt. Wir leben in ihr; wir kennen sie; aber wir *besitzen* sie nicht. Sie entsteht, indem wir leben, weshalb sie das Stadium des Entstehens solange nicht verlässt, wie menschliche Lebensprozesse sich ereignen. Die Welt ist dieser Prozess, zielgerichtet, aber abschlusslos. Deshalb ist Weltbildung zwar in keinem Werk, in keiner Handlung fixierbar, aber in jedem Werk, in jeder Handlung identifizierbar. Welt gibt es immer nur in Vorläufigkeit, als Integral menschlichen Handelns.

Ihre eigene Ungewissheit ist in der Welt, seit das erste Bild von Wesen gemacht wurde, in denen die, die sich später als Menschen verstehen sollten, sich selbst wiedererkannten: ein Bild bezeugt diese Ungewissheit, und behebt sie zugleich. Es tritt zwischen den Riss, der Innen und Außen der Wahrnehmung spaltet, indem es im Innen etwas bildet, das sich auf ein Außen beziehen lässt. Das Bild bietet durch seine Wahrscheinlichkeitsstiftungen die Möglichkeit einer unendlich vorläufigen Überbrückung des Risses. Als *Darstellung* leistet es die für menschliches Leben unter der Bedingung seiner natürlichen Unverbürgtheit elementare Wirklichkeitssicherung.

Welt zu haben, ist immer das Resultat einer Kunst, auch wenn sie in keinem Sinne ein ›Gesamtkunstwerk‹ sein kann. Wenn dieser Grund-Satz der Anthropologie, die Hans Blumenberg aus seiner ›Arbeit am Mythos‹ entwickelte, stimmt, dann brauchen wir nichts so sehr wie Kunst, denn von allen Menschen, die in der Neuzeit lebten, scheinen wir am wenigsten über die bedürftigste aller Sicherheiten zu verfügen, Welt zu haben.

Paradoxerweise hat das weniger mit einem Defizit in den Anstrengungen zur Erfüllung des neuzeitlichen Daseinsprogramms menschlich autonomer Welteinrichtung zu tun, als gerade mit deren Erfolgen. Überwältigt werden wir nicht mehr von der Unbe-greifbarkeit einer fremden Welt, sondern von den eigenen Erfindungen zu ihrer Beherrschung. *Wo war bloß die Welt?*, lässt José Saramago die Figur seiner absurd-beklemmenden Erzählung ›Embargo‹ in ihrer Verzweiflung ausrufen, als sie von ihrem Lieblings-Ding, dem Auto, auf dramatische Weise im Stich gelassen und, der Freiheit beraubt, schließlich beinahe ums Leben gebracht wird.

Unsere *Weltungewissheit* aber ist die Kehrseite der *menschlichen Selbstungewissheit*, wie sie aus der Implosion aller humanen Sicherheiten, die unsere Kultur seit dem 18. Jahrhundert zu besitzen glaubte, in der Erfahrung der neueren Geschichte gesteigert hervorgetreten ist. Auch hier herrscht das Paradox. Die Wiederkehr des »Menschen« zunächst im politischen Diskurs, schließlich in den totalitären Praktiken der Politik des 20. Jahrhunderts schlug als Folge ihrer Katastrophen in das Gegenteil seines weitgehenden Verschwindens aus den kulturellen Diskursen um, die seit dem Zweiten Weltkrieg geführt wurden.

Dieses Verschwinden des »Menschen« aus den Diskursen ist für die Künste nicht nachteilig gewesen. Sie übernahmen im Gegenteil sogar eine Art von Statthalterschaft für das philosophisch Verwaiste.

Sie haben in ihren poietischen Praktiken immer implizit Anthropologie betrieben. In dem historischen Moment, in dem die Erschöpfung der klassischen Medien der bildenden Kunst auch der Moderne unübersehbar zu werden begann, hat Joseph Beuys diese untergründige Kontinuität hervorgekehrt und bewusst zur Aufgabe einer neuen Gestalt künstlerischer Praxis gemacht: aus dem tätigen Nachdenken über Bedingungen des Menschseins wurden Handlungen, die Prozesse entwarfen, die eben diese Bedingungen gestalthaft erfahrbar machen sollen.

Zu den bedrängendsten zeitgenössischen Erfahrungen gehört zunehmend, dass die lange Zeit wirklichkeitsverbürgenden Diskurse durch eine wirklichkeitsdistanzierende Imagokratie unterlaufen werden, so sehr, dass zu der klassischen Herausforderung jeder Zeitgenossenschaft, Diskurskompetenz zu erwerben, die ungleich schwierigere hinzutrat, eine neue Bild-Kompetenz, in der Einübung von Praktiken der Imagination auszubilden. Nichts anderes aber ist seit jeher Gehalt der Künste.

Mit dieser Lage scheint unsere Zivilisation in dem Moment, in dem sie sich selbst als am weitesten entwickelt erlebt, zu ursprünglichen Dispositionen der menschlichen Gattungsentwicklung zurückzukehren, indem sie die Ungewissheit des Wirklichen, über die die Fähigkeit, sich Bilder von ihm zu machen, immer hinwegzuhelfen hatte, nun aus den Bildern selbst abstrahlen lässt. Damit steigert die neueste Geschichte des Bildens eben jene *menschliche Selbstunkenntnis*, die unsere jüngere Geschichte gegen alle humanistische Zuversicht bewirkte. Zu vieles ist in ihr Wirklichkeit geworden, von dem man bis zum Eintritt der Ereignisse jeweils überzeugt war, dass sie unmöglich seien.

Bildung in einem elementaren Verständnis besteht darin, über Fähigkeiten zu verfügen, mit dieser Lage umzugehen: Perspektiven entwickeln zu können, die einem gestatten, unter ihrer Bedingung als Mensch zu leben.

Nicht nur semantisch liegen »Bildung« und »Bilden« eng beieinander: in den künstlerischen Praktiken, wie sie die europäische Kultur seit der Renaissance hervorgebracht hat, geschieht in individueller Verdichtung jener Prozess der *Menschwerdung*, den noch einmal zu denken Vilém Flusser, der radikalste Kritiker der sich formenden neuen Kultur reiner Medialitäten, als die wichtigste Aufgabe einer diese Kultur begründenden *neuen Einbildungskraft* erschien. Dass das Vermächtnis dieses Entwurfs einer neuen Kultur menschlicher Möglichkeiten aufgrund neuer Bilderzeugungstechnologien, die er den homo ludens den homo faber auf dem Weg vom *Subjekt* zum *Projekt* ablösen sah, eine Anthropologie wurde, ist von zwingender Folgerichtigkeit. Und alles, nur kein Bruch mit dem, was in der bisherigen Kulturgeschichte der Künste geschah.

Die Kunst der Moderne war eine Praxis der Subjektivität, der Selbstwerdung. Indem Welteindrücke gestaltet, Erfahrungen Formen gegeben wurden, suchte ein Subjekt, das sich von der Welt mit keiner Identität mehr ausgestattet fand, seiner selbst gewiss zu werden, indem es die Welt in Bilder übersetzte, in *seine* Bilder, die die Welt zu *seiner* Welt machten. Diese auf menschliche Autonomie abzielende Praxis des Bildens durchlief einen Prozess des Übergangs vom Repräsentieren zum Erfinden der Wirklichkeit *als* Bild. Cézanne bezeichnete als den einzigen Zweck sein(d) er Malerei, das Motiv zu *realisieren*. Das Kunstwerk wird zum Zeugnis einer Subjektivität, die ihre Wahrnehmung zu äußerster Objektivität anhält, um ihre Welt zu gewinnen, indem sie die Existenz der Dinge, aus denen sie gefügt ist, bezeugt.

Als Praxis dieser Subjektivität scheiterte die Moderne im 20. Jahrhundert an den Praktiken einer Politik, die daran ging, einen *neuen Menschen* nach einem neuen *Bild*, das sie sich von ihm entwarf, zu erzwingen. In der Anthropolitik schlug die Praxis der Selbstvergewisserung der Menschlichkeit durch die Herstellung dessen, woran sie als Bild ihre eigene Weltverbürgung finden sollte, in ihr Gegenteil um: das Bilden geriet zu menschlicher Selbstverfehlung, indem Menschen nicht mehr als die wirklichen Subjekte, die sie waren, behandelt wurden, sondern als Entsprechungen, mehr noch aber als Abweichungen von einem Bild des Menschen, wie er sein sollte.

Das lässt das alttestamentarische Bilderverbot in anderem Licht erscheinen: das Bild zerstört, was es zu zeigen scheint, indem es betrachtet wird, als erschöpfe es die Existenz dessen, worauf es sich bezieht.

Die humanitätsverbürgende Macht des Bildens war zu einer Macht der Humanitätszerstörung geworden.

Diejenigen, die am 11. September 2001 in einer Pseudo-Apotheose der Selbst-Entmenschlichung sich selbst und Tausende lebendiger Menschen in New York zu realen Bestandteilen eines Szenarios reiner Virtualität machten, indem sie ein Videospiel verwirklichten, haben auf entsetzlichste Weise die Kontinuität zwischen der Politik einer Entwirklichung von Menschen, die ausgelöscht wurden, weil sie einem Bild des Menschen nicht entsprachen, und einer verheißenen neuen Kultur reiner Bildlichkeit erwiesen, die von den Unwägbarkeiten des Wirklichen befreien soll, indem sie zukünftig nur noch das zur Wirklichkeit kommen lässt, wovon es ein Bild gibt. Denn genau das ist die Verheißung der neuen Einbildungskraft, wie Vilém Flusser sie beschrieben hat, dass wir uns in Zukunft nicht mehr damit abmühen müssen, von Wirklichem Bilder herzustellen, um es uns aneignen und unserer Menschlichkeit verträglich machen zu können, sondern dass diese Verträglichkeit auf Dauer nun dadurch zu gewinnen sei, dass nichts mehr wirklich sein wird, außer, wovon *vorher* ein Bild erzeugt wurde.

Wie kann menschliche Existenz damit leben? Damit *weiterleben?*

Das alles scheint nach nichts so sehr zu rufen wie nach einer *Ethik* des Bildes und des Bildens.

So einleuchtend das Verlangen, so prekär der Versuch, ihm zu folgen. Keine unter ihren Schwächen nämlich ist so groß wie die *ethische Schwäche* der Kunst. Max Raphael hat das auf verblüffende Weise an *der* modernen Ikone einer Kunst aus unmittelbar ethischem, und zugleich politischem, Impuls demonstriert, an Picassos *Guernica*.

In einem späten Fragment Jean-François Lyotards, ›Das zweifach Andere‹, heißt es: *Der Reim von »Ethik« und »Ästhetik« klingt falsch. Das Systemdenken wird ohnehin daraus Kapital schlagen: beides sind diskursive Techniken, Methoden und Verfahren, mit denen Stimme und Sache begrifflich auflösbar werden. Die einzige Wahrheit, die dieses Echo uns wiedergibt, ist die Erkenntnis, daß Kunst und Moral dem Anderen unterworfen sind. Dieses Andere ist aber hier und da ein anderes.* Dem *Anderen* unterworfen zu sein, ist eine Beschreibung des grundlegenden Umstands, dass Kunst ohne Bereitschaft und Befähigung zu *Objektivität* nicht möglich ist. Sie wird immer dann möglich, wenn eine erfahrende Intelligenz die Eindrücklichkeit vor sich zu stellen sucht, dass sie ihrer selbst erst in der Konfrontation mit Anderem überhaupt gewahr wird, das sie nicht *ist* und nicht *hat*.

Kunst ist eine Praxis eines menschlichen Selbst, das sich *als* ein Selbst in der Wahrnehmung von etwas, das es nicht ist, erfährt, unter der Bedingung, dass es danach strebt, dieser Wahrnehmung

Form und Gestalt zu geben. Mit welchen Mitteln auch immer. Als Handlungsverbund der Selbstwerdung einer Individualität, die dem Anderen, das durch es hindurchgeht, Gestalten verleiht, ist Kunst eine Arbeit am Objektiven.

Durch diese Gestaltung von Erfahrung des Anderen wird es wirklich; in diesem Wirklichwerden dessen, was derjenige, der es erfährt, nicht selbst ist, entsteht Welt, als Verwandlung des Anderen in Eigenes.

Als ein immer nur ›mögliches‹ Selbst, muss ein jedes hergestellt, erworben werden. Keines lässt sich erlernen. So wie wir nicht einfach Menschen *sind*, sondern unser Menschsein in der Aufgabe besteht, Menschen zu *werden*, die wir mit unserem Leben zu lösen haben, so ist jeder originäre künstlerische Akt ein Akt der Reaktion auf Transsubjektives. So sehr, dass die *ethische Schwäche* der Kunst durch ihre *ontologische Stärke* wettgemacht wird.

In seiner Anthropologie künstlerischen Handelns ›Die Freiheit des Bildens. Homo pictor und die differentia des Menschen‹ hat Hans Jonas den Weltaspekt als elementar betont. *Das Bildmachen wiederholt jedesmal den schöpferischen Akt, (...): das symbolische Noch-einmal-Machen der Welt.* Aber nach dem Modell der Repräsentation den Menschen als bloßen *Nachschöpfer von Dingen* zu verstehen, heißt, ihn als Künstler in jene Ungewissheit der Welt zurückzustoßen, die er gerade zu überwinden bestrebt sein muss. Die Verdoppelung von Wirklichem im Bild zum Zweck seiner Aneignung als Eigenwelt endet in der Leere, wenn zum Grundmodus der Wirklichkeitserfahrung die Unwirklichkeit des Wirklichen geworden – oder immer geblieben – ist.

Die kulturverändernde Dynamik der avanciertesten Techniken der Bilderzeugung, mit der wir auf unabsehbare Zeit konfrontiert sein werden, vollzieht sich gerade in dieser Leere einer unwahrscheinlich werdenden Wirklichkeit. Die rein technischen Bilder zeigen nicht mehr *etwas*, sondern nur noch *sich*.

In dieser neuesten Entrückung stellt die ursprüngliche Welterfahrung der Weltferne zum Menschen sich wieder her, die die Entstehung der Kultur notwendig gemacht hatte, um ein Wesen sich am Leben erhalten lassen zu können, das darauf angewiesen ist, seine Möglichkeit gegen die Indifferenz der Natur, von der es doch abhängt, durchzusetzen.

Sie scheint der Preis dafür zu sein, dass die neue Einbildungskraft reiner Bildlichkeit zu einem der effektivsten Mittel der Kulturgeschichte werden könnte, die Naturgebundenheit des Menschseins noch weiter zurückzudrängen. Das von Lyotard einst für die kulturellen Diskurse entworfene ›Zeitalter des Experimentierens‹ gewinnt eine unvermutete praktische Dimension. Allmählich wird sichtbar, wie sich unter der Deckung eines scheinbar neutralen wissenschaftlichen Fortschritts eine Kontinuität anthropologischen Experimentierens durchzusetzen beginnt. Der Ehrgeiz der Biowissenschaften, den genetischen Code nicht mehr länger nur zu lesen, sondern ihn bald auch schreiben zu können, zeigt, dass die *plastische Kraft* der Kultur, von der Nietzsche gesprochen hat, die Dimension der Natur*erkenntnis* verlässt und in die neue Dimension der *Erfindung* elementarer Bedingungen des Menschseins übergeht.

Natur wird ein Baukasten sein, der die neue Einbildungskraft mit Materialien zur Herstellung von Menschenformen versorgt: das Zeitalter des Experimentierens, das anbricht, wird ein Zeitalter anthropologischer Artistik sein. Das schöne alte Ideal ästhetizistischer Lebensweisen, das eigene Leben zum Kunstwerk zu machen, wird sich in einer neuen Wissenschaftskunst, neue Menschen zu machen, erfüllen.

Unter diesem Horizont wird künstlerische Bildung elementar. Denn die Verfahrensweisen einer vollkommen neuen Praxis anthropologischer Einbildungskraft werden ihre Modelle zunächst aus den Praktiken der genuin europäischen Einbildungskraft beziehen, wie sie sich in den Künsten seit der Renaissance entfaltet hat.

Sie zu kennen, wird für die ihnen Ausgesetzten *das* Mittel der Selbstbehauptung gegenüber den Menschenformungen sein. Nur wer weiß, was und wie gespielt wird, ist nicht dazu verurteilt, zu verlieren. Eine sich ihrer eigenen kulturellen Herkunft aus der in künstlerischem Handeln verdichteten poietischen Kraft erinnernde Subjektivität wird sich Chancen der Selbstmächtigkeit in den Prozessen bewahren können, aus denen neue Formen des Menschseins hervorgehen werden.

Wenn die poietische Kraft der Kunst, aus Vorgefundenem etwas entstehen zu lassen, was es vorher nicht gab, sich in einer Wissenschaftskunst der Poietik menschlicher Seinsweisen, die es noch nicht gegeben hat, potenziert, bedarf es der Schule der Kunst, um in dieser Entwicklung dem Schicksal entgehen zu können, als Individuum zum reinen Objekt anthropopoietischer Gestaltung zu werden.

So wie die modernen Künste die Welt verbürgten nicht, indem sie sie wiedergaben, sondern indem sie sie in Bildern als Wirklichkeit zugänglich machten, so wird es eine Kunst der Selbstbehauptung geben müssen, die an der Produktion der Bilder mitwirken kann, nach denen in Zukunft die Wirklichkeiten des Menschseins selbst eingerichtet werden. Denn der elementare Gehalt des Bildens wird nicht mehr die Sicherstellung von Wirklichkeiten sein, aus denen sich eine Welt, in der zu leben wir gewiss sein können, formt, sondern der Entwurf neuer Seinsformen des Menschen selbst: wir werden nur noch sein können, wenn wir die Bilder, die von uns gemacht werden, verwirklichen. Das Wirkliche, das zur Disposition steht, sind nun wir selbst, in der ganzen Brüchigkeit einer haltlos gewordenen conditio humana.

Was wäre dann wichtiger als die Kenntnis, wie man Bilder macht? Wohl nur, zu wissen, wie man sich ihnen entzieht. Die Kunst der Weltbildung, die die neuzeitliche Subjektivität entwikkelte, wird so zu einer Vorschule der Kunst der Selbstbehauptung gegenüber einer Wissenschaftskultur, in der Individuen

Gegenstand einer biotechnischen Kunst der Menschenbildung sein werden.

In dieser Perspektive wird eine Rekonstruktion der *Seinsvalenz des Bildes*, von der Gadamer sprach, zu einer der wichtigsten Aufgaben nicht nur der Ästhetik. Denn wenn es diese Dynamik hin zu einer Wissenschaftskunst der Menschenbildung gibt, dann heißt dies, dass künftiges Menschsein die Erfüllung eines in Bildern vorweggenommenen Seins sein wird. Bevor es uns als Andere geben wird, werden wir uns als Andere auf Bildschirmen betrachten können.

Dann wird es Grundbedingung der Selbsterhaltung sein, zu wissen, wie Bilder »realisieren«. Dann wird frei nur noch sein, wer über die Macht verfügt, zu bestimmen, *welche* Bilder es von ihm gibt, oder dass es *keine* von ihm gibt.

Selbst-bild-ung

Der Mensch sieht wohl, was er hat, aber nicht,
was er ist.
Ludwig Wittgenstein
›Vermischte Bemerkungen‹

Für Künstler ist nichts lästiger als ein anderer Künstler. Kommt einer in die Lage, sich zu einem anderen äußern zu müssen, weil das zu einer Rolle gehört, die er im Betrieb übernommen hat, wird er dazu neigen, es auf eine Weise zu tun, die es ihm erlaubt, von sich selbst zu sprechen, indem er über den anderen redet. Preisungen bei Feierstunden sind immer auch Selbstdarstellungen des Redners.

Stefan George den Nachruf in der Berliner Akademie haltend, trug Gottfried Benn ein ästhetisches Manifest in eigener Sache vor, sie als die des Gerühmten ausgebend.

Dies Formproblem wird nämlich, der Meinung bin ich, das Problem der kommenden Jahrhunderte sein (Benn, George, 1038).

Lässt man sich vom spätexpressionistischen Pathos nicht beirren, das weniger Reprise eigener literarischer Frühzeit als Referenz an den im neuen Deutschland des Jahres 1933 offiziell gewordenen hohen Ton gewesen sein dürfte, so entdeckt man ein Zeugnis kulturgeschichtlicher Diagnostik mit prophetischem Überschuss. Die Vision des Lyrikers nimmt eine Zukunft vorweg, die mit dem Ende des Regimes, zu dessen Beginn er sie formuliert, das sie ins Werk zu setzen begann, nicht zur Vergangenheit wurde.

Es ist das Formgefühl, das die große Transzendenz der neuen Epoche sein wird, die Fuge des zweiten Zeitalters, das erste schuf

Gott nach seinem Bilde, das zweite der Mensch nach seinen Formen, das Zwischenreich des Nihilismus ist zu Ende. Im ersten herrschten Kausalität, Erbsünde, Abstammungsseufzer, Psychoanalyse, Ressentiment und Reaktion, im neuen plastische Prinzipien, Konstruktionen innerhalb gesetzter Horizonte. Man kann auch sagen, es geht von der Deszendenz zur Aszendenz–: auch der Züchtungsgedanke fällt unter dies Formproblem (Benn, George, 1039).

Die wenigen Zeitgenossen, die das zu hören und zu lesen bekamen, werden nur vom Ton des Vorgetragenen berührt worden sein, kaum von dessen Inhalt. Heute lässt der historische Scharfsinn sich ermessen, der Benn die Epoche der Anthropopoiesis verkünden ließ. Hier spricht ein Künstler, der spürt, und es begrüßt, dass die Zeit begonnen hat, die Grenze zwischen ästhetischer und politischer Menschenbildnerei zu überschreiten.

Abendländischer Geist, der neue, der wird sprechen aus jener Welt der ungeheuersten Klarheit, die sich vorbereitet, die sich nähert, ihre Linien sind Verachtung jedes Geschöpfes der Furcht, des Hoffens und des Sehnens, feste bezwingende Gesetze, objektive Machtverhältnisse, Klarheit, Unterschied, Tat. Eine Welt, die sich gegen das Mütterliche richtet, das Faustische, das Christliche, gegen alles Allzufrühe und Allzuspäte, es ist dorische Welt. Form und Schicksal. Moira–: der jedem zugewiesene Teil, der Raum des Lebens, den die Arbeit füllt am Staat und am Marmor. Zucht und Kunst– die beiden Symbole des neuen Europas, wenn es noch ein neues geben soll (Benn, George, 1040).

Der Ästhet begrüßt den Techniker, der dabei ist, ihm seine Mittel aus der Hand zu nehmen und in den Dienst seiner eigenen Zwecke zu stellen, denen der Künstler das Ziel gesteckt hat.

Der abendländische Mensch unseres Zeitalters besiegt das Dämonische durch die Form, seine Dämonie ist die Form, seine Magie ist das Technisch-Konstruktive, seine Welt-Eislehre lautet: die Schöpfung ist das Verlangen nach Form, der Mensch ist der Schrei nach Ausdruck, der Staat ist der erste Schritt dahin, die Kunst der zweite, weitere Schritte kennen wir nicht (Benn, George, 1037).

Bis auf die Verkehrung der Rollen von Staat und Kunst, war das präzise Analyse der kulturellen Situation. Tatsächlich ging die Kunst dem Staat voran in der Entwurfsdynamik eines ›Neuen Menschen‹ (Steffens, Wiederkehr, 87-105). Benns Manifest einer politischen Ästhetik der Menschenformung, die er als Nachfahre Nietzsches noch als Emanzipation, als Selbstbefreiung des Menschen aus jahrtausendelanger Abhaltung von seiner wahren Bestimmung verstand, ist der bedeutendste Beleg für die Rolle der Ästhetik in der ersten anthropopoietischen Mobilisierung durch die totalitären Ideologien des 20. Jahrhunderts.

Deren unter Einsatz aller staatlichen Institutionen betriebene Absicht war nichts anderes als die Verwirklichung eines »Menschenbildes«.

In der Ästhetik bezieht sich die Antizipation auf das Machen, nicht auf das Sein (Bense, Programmierung, 72). Die Politik der Menschenformung bezieht sich ohne ästhetische Umwegigkeit direkt auf das künftige Sein des Menschen, indem es in das gegenwärtige Dasein mit ästhetischen Mitteln eingreift. Die »*Anthropolitik*« (Steffens, Wiederkehr, Zweiter Teil, 87-253) ist eine politisierte Ästhetik, indem sie die Mittel der Politik einsetzt, um ein aus wissenschaftlicher Halbbildung, unverdauter Kunst und unbegriffener Philosophie zusammengeschustertes ›Bild‹ des Menschen zu verwirklichen. Sie ist die Katastrophe eines Mislingens des utopischen Vermögens. Da sie im Dasein keinen Ort hat, weil sie ein Bild als Realität behandelt, werden die wirklichen Menschen zum Mittel ihrer Realisierung. Die Anthropolitik macht den wirklichen Körper zum Ort der Formung seines Bildes (zum Körper als Ort des Bildes: Belting).

Es war der Staat, der sich daran machte, den Menschen zu bearbeiten wie Marmor. *Wenn die Menschheit Glück hat, reinigt sich das Verbrechen zur Kunst* (Lec, 58). Sie hatte Pech, und die Kunst verdarb zum Verbrechen.

Ansatzpunkt für die Enteignung der Ästhetik durch die Politik am Menschen ist der ästhetische Grundakt des Machens, des Herstellens. Als der Versuch, ein ›Menschenbild‹ zu verwirklichen, ist die Anthropolitik die Perversion der ›poietischen‹ Ästhetik (exemplarisch: Valéry, Poetik; dazu: Steffens, Zigaretten, 112 ff.– Zur Bedeutung der ›Poiesis‹ in der Moderne: Jauss, Erfahrung, 103-124). Die Politik des Menschenbildes hebt die aristotelische Unterscheidung von ›Praxis‹ und ›Poiesis‹ auf, indem sie das ›Hervorbringen‹ selbst zum Gegenstand des ›Handelns‹ macht (Aristoteles, Nikomachische Ethik, Buch VI, Kap. 4, 1140a). Dieser Gegenstand ist der Mensch, dessen Dasein das Bild verwirklichen soll, das sie sich von ihm gemacht hat.

Möglich ist diese Politisierung der Ästhetik, die die wirklichen Menschen als Bilder behandelt, weil die Praxis der Ästhetik, die Kunst, die Grundform jeder kulturellen Handlung ist.

Die Kunst erlangt schließlich gerade dadurch ihren Wert, daß es das Faktum der Kreativität in unserem gesamten Leben gibt. Alles, was wir sehen und tun, die gesamte Struktur unserer Beziehungen und Institutionen hängt letztlich von unserem Bemühen um Lernen, Beschreiben und Mitteilen ab. Wir schaffen unsere menschliche Welt so, wie wir vermeinten, daß Kunst geschaffen würde. Die Kunst ist eines der großen Mittel eben dieses Schaffens. Daher sind auch die Trennung von Kunst und übrigem Leben einerseits und die Abfertigung der Kunst als einer unpraktischen und zweitrangigen Angelegenheit (einer »Freizeitbeschäftigung«) andererseits nur zwei Formulierungen des gleichen Irrtums. Wenn alle Realität über das Ringen um eine erfolgreiche Beschreibung erfahren wird, dann kann die ›Realität‹ nicht isoliert und in einen Gegensatz zur Kunst gestellt werden, weder um der Kunst dadurch besonderes Ansehen zu verleihen, noch um das Gegenteil zu erreichen (Williams, Innovationen, 42).

Der kulturtheoretischen Wende in der Ästhetik (vgl. Steffens, Poetik) kommt zunehmend dadurch Bedeutung zu, dass immer deutlicher wird, wie wenig die Geschichte der Politisierung der Ästhetik beendet ist, sondern sich in einem Prozess der Transformation der ideologisch bestimmten Politisierung in die Neutralität reiner Wissenschaftlichkeit fortsetzt (Steffens, Wiederkehr, 194-203). Wir sind und werden auf lange Zeiten bleiben, Zeitgenossen einer zweiten anthropopoietischen Mobilisierung. So erhält ein Zeugnis aus der Geschichte der Anthropolitik wie Gottfried Benns Feier einer heraufkommenden Ästhetik der universalen Formung eine unheimlich berührende Aktualität.

Es ist die Geschichte der praktischen Erprobung von »Menschenbildern«.

Schon im Wort liegt der Widersinn in der Sache, die die Mehrzahl nicht zulässt. Bis ins 19. Jahrhundert kennt Europa denn auch nur ein einziges »Menschenbild«, das christliche. Denn es kann nur dieses eine geben, weil es das einzige ist, das sich vom Menschen ein Bild nicht nur macht, sondern ihn *als* Bild bestimmt.

Das Christentum ist Anthropologie als metaphysische Ästhetik: substanzielle Wahrnehmung des Menschen als Erscheinung dessen, woher sein Dasein stammt. Seine Verbindlichkeit bezieht es aus der Anthropologie des Bildes.

Der moraltheologische, zweite Teil der Theologischen Summe des »allgemeinen Lehrers« der Kirche beginnt mit folgendem Satz: Weil der Mensch geschaffen ist als Ebenbild Gottes, darum bleibt jetzt, nachdem von Gott, dem Ur-Bild, gehandelt worden ist, noch übrig, von Seinem Abbild zu reden, nämlich vom Menschen. Es ist mit diesem Satz wie mit so vielen Sätzen des heiligen Thomas von Aquin: die Selbstverständlichkeit, mit der er, so ganz ohne Aufhebens sozusagen, ausgesprochen wird, verdeckt leicht die Tatsache, daß sein Inhalt durchaus nicht selbstverständlich ist. Dieser erste Satz der Moraltheologie drückt einen Sachverhalt aus, der uns Christen von heute fast ganz aus dem Bewußtsein gekommen ist: nämlich den Sachverhalt, daß die Morallehre zuerst und vor allem Lehre vom Menschen ist, daß die Morallehre das Menschenbild sichtbar machen muß, und daß also die christliche Morallehre über das christliche Richtbild des Menschen handeln muß (Pieper, 7 f.).

Der christliche Mensch ist definiert als Repräsentant seines Ursprungs: der Mensch ist das Bild seines Schöpfers. Menschsein heißt Bildsein. Die Bestimmung des Menschen ist die Darstellung des Willens seines Schöpfers. In der christlichen Kultur Europas machen Menschen sich nicht nur Bilder, sie *sind* Bilder. Jeder Neugeborene ist eine Variation auf das eine Urbild. Europa wurde zur Kultur des Bildes, weil seine Metaphysik die Metaphysik der Schöpfung eines Nachbildes nach dem Urbild des Schöpfers ist.

Das seinem Urbild nachgebildete Wesen musste dazu finden, sich mit der Erfindung des Bildes einen Spiegel seines eigenen Daseins zu verschaffen.

Oder, ›entmythologisiert‹, das Wesen, das sein Dasein mittels seiner Erfindung des Bildes erschließt, musste dazu kommen, die Bestimmung seines Ursprungs nach dem Modell des Bildes vorzunehmen. In der ästhetischen Dogmatik des Christentums erhielt die Bildnatur des Menschen eine späte mythische Fassung.

Eine Rückbesinnung auf den transzendenten Ursprung der Ästhetik (vgl. Ginzburg, Ecce; Ginzburg, Götzen) ist fällig, wenn die Zivilisation der Bilder dahin gerät, zu vergessen, dass die Erfindung des Bildes das metaphysische Axiom der europäischen Kultur ist (Steiner, Gegenwart).

Ein ›Menschenbild‹ ist nur möglich im Horizont der Metaphysik des Christentums. Ein ›Bild‹ vom ›Menschen‹ kann es nur im Status einer Variation der christlichen ikonischen Anthropologie geben. Mit seiner Bestimmung des Menschen als Bild Gottes hat das Christentum die Anthropologie der Epoche begründet, die sich von seiner absoluten metaphysischen Autorität immer weiter entfernen sollte. Das lässt es noch weit über sein Ende als Religion hinaus fortwirken. Es wirkt, wann und wo immer eine Vision dessen, was Menschen sein sollen, gebildet wird.

Sich des kulturellen Erbes der metaphysischen Bildanthropologie des Christentums zu vergewissern, lässt den Aspekt deutlicher hervortreten, der für die Bestimmung des Bildes in der Zivilisation universalisierter technischer Bilderzeugung wesentlich ist. Ein Bild ›des‹ Menschen machen, heißt, ihn einer Macht unterwerfen, einer Macht, die nicht er selbst ist; einer Macht, die über ihn verfügt, indem sie sein Sein in den Dienst der Darstellung dessen stellt, was das Bild repräsentiert, ohne es zu zeigen. Dem Sein des Menschen die Bestimmung eines Bildes zu geben, unterwirft es dem Ursprung dessen, was im Bild seine einzige Wirklichkeit hat. Jedes Bild ist der Platzhalter der Repräsentanz der Macht eines abwesenden Ursprungs. Ein Bild zielt auf sprachlose Hörigkeit. Jede Anfertigung eines Bildes ist ein Akt der Deemanzipation, indem es das, was es zeigt, zur Darstellung dessen verpflichtet, woher das Bild stammt.

Ein Bild gibt über den, den es zeigt, nur eine einzige Auskunft: über dich ist verfügt; nun sei der, als den ich dich identifiziere.

Wie ›Weltbilder‹ nichts über die Welt lehren, sondern nur, wie unter bestimmten, aber unbestimmt bleibenden Umständen Menschen ihre Welten wahrnehmen, so die ›Menschenbilder‹ nichts über die Verfassung des Menschseins, sondern darüber, wie welche Menschen wann ihr Dasein eingeschätzt haben.

Aus der erkenntniskritischen Unbestreitbarkeit, dass es von allem Kenntnis nur durch Beschreibungen des Sachverhalts gibt, folgt nicht, dass die Sachverhalte mit den jeweils vorherrschenden Versionen ihrer Beschreibungen identisch seien. Es gibt die Geschichte ihrer Variationen nur deshalb, weil es von ihnen unabhängige Sachverhalte gibt: die Menschen einer Epoche, die sich ihre Bilder von sich machen, tun das in einer konkreten Verfassung ihres Seins, das es unabhängig von ihrer Beschreibung gibt.

Dieser ontische Hintergrund jeder Beschreibung muss von jeder Anthropologie, von jeder Ästhetik vorausgesetzt werden:

es gibt die beschriebenen und einander darstellenden Menschen, und es gibt die von ihnen hergestellten Darstellungen. Diese kennzeichnen diejenigen, die sie herstellen, weit mehr als diejenigen, über die sie hergestellt werden. Die Gestik eines klassischen malerischen Portraits gibt das Wesen des Malers in seiner Wahrheit zu erkennen, nicht die Wahrheit der Person des Portraitierten; von ihm zeigt es nur, was der Maler von ihm sah, sofern er ein so guter Maler ist, dieses, was er sah, aus seiner Farbtextur zur Sichtbarkeit hervortreten zu lassen.

In dieser Hinsicht gilt in ontologischer Allgemeinheit, dass alle menschlichen Kulturhandlungen ›Selbstportraits‹ ihrer Urheber sind statt Darstellungen dessen, worauf sie sich in ihren unmittelbaren Absichten und Funktionen beziehen.

Darin liegt ihr unschätzbarer Wert für eine mit künstlerischen Techniken verfahrende Pädagogik künstlerischer Bildung. Indem sie dazu befähigt, nicht nur – wie im klassisch verfehlten Kunstunterricht – Kunstwerke zu analysieren, sondern durch gestaltenden Umgang mit eigenen Wahrnehmungen Spiegel der eigenen Reaktionen auf die Erfahrung des eigenen Daseins zu entwerfen, kann sie im Idealfall ihres Gelingens zu einer existentiellen Souveränität verhelfen, die zwischen den Aussagen über Sachverhalte und dem, wovon sie ausgesagt werden, zu unterscheiden weiß. Auf diesem Unterschied beruht Kultur als Einrichtung der Welt zur Welt des Menschen. Von ihm hängt die Wirklichkeitsfähigkeit jeder einzelnen Existenz ab: ob sie gelebt wird, indem sie den Suggestionen der sozialen und kulturellen Strukturen folgt, oder ob sie ein eigenes Leben führen kann, das vorgefundene Formen möglicher Daseinsgestaltung zu dessen Erfordernissen und Wünschen in Beziehung zu setzen versteht. Das aber ist immer ein produktiver Vorgang, gleich welcher Medien oder Materialien er sich bedient.

Die Erfahrung der künstlerischen Praxis als eines Laboratoriums möglicher Gestaltungen der Wahrnehmungen von Wirklichkeit ist ein Gegengift gegen Welt- und Menschenbilder, die verdecken, was sie bezeichnen, indem sie etwas darstellen, was es gar nicht gibt. Das Entscheidende daran, sich ein Bild von etwas zu machen, ist nicht die Bestimmung dieses ›etwas‹, die nur eine vermeintliche ist, aber nie wirklich erreicht werden kann, sondern der Umstand, dass es einen Kommentar der eigenen Stellung zu ihm liefert, der einen mit sich selbst bekannt machen kann.

Das eigene Bild wird zu einem Gegenhalt gegen die dämonischen Spielzeuge, welche die Welt- und Menschenbilder in den Händen der Ideologen sind, die sie als Instrumente der Macht einsetzen, deren Geltung ausschließlich auf Gewalt beruht. Zu Legitimationszwecken benutzt, werden die Bilder zu Arsenalen der symbolischen Gewalt.

Kunst erfüllt ihren humanen Sinn der Subversion gewaltbergender symbolischer Eindeutigkeiten, indem ihre individuelle Praxis den anthropopoietischen Entwürfen der Sozialtechnologie Selbstbilder eines zu seinen unergründlichen Möglichkeiten hin offenen Menschseins entgegensetzt.

Jeder anthropopoietische Anspruch tendiert zur Abschaffung dieser Offenheit des Menschseins, das in der unpräjudizierbaren Bewegung unvorhersehbarer Möglichkeiten begründet ist.

Der erste ›Neue Mensch‹ der Moderne, der ›Bürger‹, verwandelte die Welt und prägte neue Weisen menschlichen Daseins. Sein Instrument der Industrialisierung brachte eine neue Menschenform hervor, die es bis dahin noch nie gegeben hatte, den Proletarier, den Sklaven in Freiheit. Dessen Erscheinen wurde zur systemimmanenten Bedrohung der bürgerlichen Gesellschaft, die daraufhin begann, eine in die Konkurrenz von Politiken der Menschenbilder mündende Abwehr zu entwickeln.

Ein ›Bild‹ ist ein Gerücht über die Welt; ein ›Menschenbild‹ ein Gerücht über den Menschen. Zur ontologischen Bestimmung dessen, was Menschen sind, statt, wofür sie sich halten, oder wozu sie angehalten werden, sich zu halten, könnten nur Menschenbilder im Plural beitragen. Nicht das eine kann bestimmen, was es zu zeigen vorgibt; nur eine Zusammenschau verschiedener könnte eine Annäherung an das geben, was unbestimmbar bleibt. Seine Unbestimmbarkeit gerade bringt die Geschichte der Bilder und Gestaltungen der Auffassungen des Menschseins hervor. Deren größter Wert liegt in einem maximalen Variantenreichtum. Je geringer deren Vielfalt wird, wie in der staatlich verordneten alleinigen Geltung eines einzigen Menschenbildes, desto größer wird die Entfernung vom ontischen Wesen des Menschen sein, das sich der eindeutigen Bestimmung entzieht.

Es ist das unauflösbare Paradox, zu dem eine undogmatische Anthropologie als ihrem letzten Schluss immer wieder kommen wird, das Wesen des Menschen in der Unbestimmbarkeit seines Wesens sehen zu müssen: zu sagen, was es heißt, Mensch zu sein, ist nur dann eine dem Menschsein angemessene Aussage, wenn sie ihre Bestimmung nicht als verbindlich und erschöpfend setzt, sondern sie als empirische Vermutung erschließt (grundlegend: Sonnemann). Der jeder positiven Festlegung entzogene Kern des Menschseins ist jedoch in der Selbsterfahrung jedes einzelnen Menschen immer mit untrüglicher Sicherheit präsent, und erhebt Einspruch, sobald er vital verletzt wird. Desto schlimmer werden die wirklichen Versehrungen wirklicher Menschen ausfallen müssen, die eine Politik der Eindeutigkeit ihrer Bestimmung nur anrichten kann.

In der Anthropolitik des 20. Jahrhunderts wird die Politik des Menschenbildes zur Politik der Vernichtung. Identität, die große Errungenschaft des bürgerlichen Zeitalters, das das Individuum entdeckte und in Freiheit zu setzen beabsichtigte, wird zur Falle des Ausschlusses aus der Gemeinschaft des Menschlichen. Das staatlich verordnete und absolut verbindlich gemachte Menschenbild wird zur Maschine der Reproduktion eines neuen Normmenschen; wer die Norm nicht erfüllt, verfällt dem Ausschluss aus der Menschengemeinschaft. Die Anthropolitik erfindet den

Menschen als *Fabrikware der Natur* (Schopenhauer, 241) noch einmal neu, als Produkt von Wissenschaft und Staat.

Als Bürger wollte der moderne Mensch jene Fabrikware der Natur nicht mehr sein, da er sich aus der politischen Abhängigkeit des Untertanen, der nicht Herr ist über seine Person, befreit hatte. Industrialisierung und Ästhetik begründeten das Zeitalter des ›Weltbildes‹, in dem Europa daran geht, alles nach einem Bild zu formen. *Weltbild, wesentlich verstanden, meint daher nicht ein Bild von der Welt, sondern die Welt als Bild begriffen. Das Seiende im Ganzen wird jetzt so genommen, daß es erst und nur seiend ist, sofern es durch den vorstellend-herstellenden Menschen gestellt ist. Wo es zum Weltbild kommt, vollzieht sich eine wesentliche Entscheidung über das Seiende im Ganzen. Das Sein des Seienden wird in der Vorgestelltheit des Seienden gesucht und gefunden* (Heidegger, Weltbild, 82 f.). Die Neuzeit säkularisiert die christliche Metaphysik der Schöpfung, indem sie deren Bildanthropologie ontologisch neutralisiert und formal auf alle Weltgehalte ausdehnt.

Das Verständnis des Menschen kann davon schließlich nicht ausgenommen sein. Das Zeitalter des Weltbildes ist die Zeit des Menschenbildes: die Epoche, in der Menschen, die sich in ihrem Dasein verstehen wollen, sich nicht mehr darauf beschränken, ein ihnen rätselhaftes Dasein als Gegebenheit zu begreifen, sondern beginnen, ihr Sein als ein Gewordensein, schließlich als Objekt ihrer eigenen Instrumente der Weltgestaltung zu verstehen, muss den Ehrgeiz entwickeln, das Menschsein selbst zum Objekt eines bildgesteuerten zivilisatorischen Handelns zu machen. Der die Welt mittels Wissenschaft und Technik neu einrichtende Mensch wird sich selbst zum Gegenstand seinsverändernder Praxis.

Der Bürger erfindet das ›ästhetische Subjekt‹, das damit beginnt, die errungene Freiheit der Person zu gestalten. Noch auf die Imagination beschränkt, rückt die Menschenform selbst in den Horizont der Ambitionen der Zivilisation des ›Ausrechnens‹. *Diese Vergegenständlichung des Seienden vollzieht sich in einem*

Vorstellen, das darauf zielt, jegliches Seiende so vor sich zu bringen, daß der rechnende Mensch des Seienden sicher und d.h. gewiß sein kann. Zur Wissenschaft als Forschung kommt es erst dann, und nur dann, wenn die Wahrheit zur Gewißheit des Vorstellens sich gewandelt hat (Heidegger, Weltbild, 80). Nietzsche wird diesem neuen Menschen sagen, wie er als Künstler zum wahren Menschen wird, nachdem Schiller es ihm mit seiner poetischen Anthropologie des sich im Spiel verwirklichenden Menschenwesens verkündet hatte.

So wird *das Problem des Seinsverständnisses und des Selbstverständnisses neu aufgerollt.* Die technische Zivilisation sucht *die Prinzipien der Lösung* nicht mehr *im Horizont des Gegebenen, sondern im Horizont des Gemachten.* Damit wird statt der *Metaphysik, die immer am Gegebenen orientiert ist, (...) die Ästhetik, die stets auf das Gemachte reflektiert, zur eigentlichen Grundlage der spirituellen und vitalen Weltbewältigung* (Bense, Zivilisation, 20).

Bedrängt von der unheimlichsten aller Erfindungen der bürgerlichen Welt, dem Proletarier, verliert der Bürger das Vertrauen in seine Kraft der ästhetischen Selbstbehauptung, und überträgt die Gewährleistung seines Sicherheitsbedürfnisses dem Staat. Die Politik okkupiert schließlich das ästhetische Subjekt und errichtet den neuen Absolutismus eines staatlichen Monopols auf die Gestaltung einer einzigen, allein verbindlichen Lebensform: ›Volksgemeinschaft‹ und ›Kollektiv‹.

Nach dem katastrophalen Scheitern der Anthropolitiken zog der anthropopoietische Impetus sich in die reine Wissenschaftlichkeit zurück, um mit den Erfolgen der Biochemie und der Genetik in die Politik zurückzukehren und die zweite anthropopoietische Mobilisierung in Gang zu setzen, deren staunend ungläubige Zeugen wir noch sind, und deren Objekte wir bald sein werden.

Damit konfrontiert, kommt es heute darauf an, das so verhängnisvoll missbrauchte ›ästhetische Subjekt‹ durch ein ›poietisches Subjekt‹ zu ersetzen.

Nur ein Individuum, das über die Kompetenz und die Stärke verfügt, für seine eigene Person die Arbeit der Selbstgestaltgung seines Menschseins zu leisten, wird sich gegen die neue staatliche Anmaßung der Menschenformung behaupten können.

Die große kulturelle Auseinandersetzung dieses neuen Jahrhunderts wird um die Bestimmung der poietischen Kraft der Zivilisation geführt werden. Die Alternative lautet: unter staatlicher Überwachung wissenschaftlich betriebene ästhetische Formung des Menschen als Objekt versus poietische Selbstbildung des seine Möglichkeiten in Freiheit erprobenden Subjekts.

Die noch unbeachtete zivilisationstheoretische Wendung, die Max Bense der Ästhetik gab, wiederaufzugreifen, hilft zur Klärung der Frontlinien.

Jeder wesentliche Akt unserer Humanität beruht auf dem Gebrauch und Verbrauch möglicher Freiheit, also auf einem geheimen Pathos der Alternativen. Es hat den Anschein, daß in der Entwicklung des Abendlandes der Konsum der Freiheit und der Alternativen vor allem ein ästhetischer war, kein ethischer, wie man erwarten sollte. Daher das immer wiederkehrende Mißverhältnis zwischen Kunst und Moral. Vielleicht sind wir jetzt erst, oder seit 1792, in ein Zeitalter eingetreten, das Zeitalter äußerster Diffusion zwischen ästhetischen und kosmologischen Prozessen, in dem die Grenzlinien zwischen Kunst und Technik auf der einen und zwischen Technik und Natur auf der anderen Seite verwischt werden, in ein Zeitalter also, das unseren Verbrauch an Freiheit auf ethische Alternativen reduziert. Wir hätten in dieser Beziehung etwas nachzuholen (Bense, Zivilisation, 95).

Heute ist unübersehbar, dass es sich dabei um das Zeitalter der anthropopoietischen Wiederaufrüstung handelt. Die Zeit der Karenz, die die Katastrophe des Nationalsozialismus erzwang, ist vorüber.

Orientierung in einer durch Komplexität ebenso wie Ungewissheit gekennzeichneten Welt wird nur finden, wer Zugang zu den Bestimmungen ihrer Elemente gewinnt, und mit ihnen umzugehen lernt. Es ist das artistische Element des künstlerischen Handelns, das es in Verbindung mit ästhetischer Bildung zu einem eminenten Medium der Selbstbildung eines Subjekts macht, das sein Leben in dieser komplexen und ungewissen Welt zu führen hat. Während ästhetische Bildung die Fähigkeit zur Differenzierung und Bestimmung von Weltelementen schult, die den ›Rohstoff‹ jeder Lebensführung stellen, schult die Kenntnis, wenn nicht die eigene Erprobung, des künstlerischen Prozesses die Fähigkeit, die identifizierten Elemente der Welt zu Gebilden und Kontexten miteinander zu verbinden, die Ausdruck der eigenen Stellung sein können, die ein Individuum im Weltprozess anstrebt. Als Grundvorgang der Lebensführung ist die Weltorientierung ein produktiver Vorgang. Sie muss hervorbringen, wonach sie sucht; es entsteht in der Entdeckung, Sammlung und Ordnung seiner Elemente.

Die Elementarhandlung ist dabei die Wahl, die aus unbestimmten allgemeinen Möglichkeiten bestimmte individuelle Möglichkeiten macht, die für einen Moment, oder für eine Lebenszeit gelten können.

Indem das künstlerische Handeln die passiv-überwältigende Wahrnehmung von Weltgehalten in die Aktivität einer Neugestaltung ihrer Elemente überführt, leistet sie in individueller Verdichtung die zivilisatorische Grundarbeit, die jeder einzelne Mensch zu bewältigen hat, der nicht Objekt des Weltprozesses bleiben, sondern ein in ihm handelndes Subjekt werden will.

Die elektronische Zivilisation, die das Abbild universalisiert und zur Grundlage aller Lebensführung macht, verwirklicht die Metaphysik des Christentums nach dessen Ende. Die atheistische Kultur der reinen Ästhetik vollendet die Metaphysik der Ebenbildlichkeit in einem transzendenzneutralen reinen Formalismus.

Jene *unerbittliche Härte des Formalen*, die Benn an George bewunderte (Benn, 1038), wurde zum Grundgesetz der Zivilisation des elektronischen Bildes. Der *»ästhetische Wille«, (...) der im Kunstwerk eine Welt aufrichtet und eine überwindet, formend überwindet* (Benn, George, 1038), beherrscht sie.

Die ästhetische Enteignung des Subjekts in der Zivilisation der technischen Bilder, die die Welt nur noch als Bild kennt und sie damit tendenziell verliert, könnte eine neue ›poietische‹ Kompetenz der Selbstbildung kompensieren.

Dazu bedarf es der Erfahrung der situationsgestaltenden Kraft, die der Prozess künstlerischen Handelns freisetzt.

Auch das Kunstwerk ist als Situation zu verstehen. Die Situation, die es bildet, ist ›Form in der Bewegung‹. Die Erfahrung, daß es zwischen Endprodukten keine Verwandlung geben kann, außer durch Zerstörung, nährt die Hoffnung, die sich seit einem halben Jahrhundert an den sogenannten abstrakten Formenprozeß knüpft: daß sich in seiner dauernden Verwandlung die Dauer im Verwandeln ereigne – ›Gegenwärtigkeit‹, intensive Aktualität. Die Entscheidung, ob etwas ein künstlerisches Produkt sei, ist nicht an einer geschlossenen Kontur, welcher Provenienz auch immer, festzumachen. Es kommt darauf an, ob ein Werk situationsbildend ist (Malecki, 49). Die Kraft der Situationsbildung, die ein Kunstwerk hat entstehen lassen, ist ein Modell jenes Denkens, das die Grundvoraussetzung jeder individuellen Selbstbestimmung ist, indem es *das Denken im Spielraum der Aktionen* vollzieht, *als agierendes Denken, als sich kontrollierendes Spielen* (Malecki, 43).

Die Kunst des Selbstportraits bietet ein Paradigma der damit gestellten Aufgabe. Selbstportraits, wie Maler sie im Laufe ihres Lebens anfertigen, zeigen jedes für sich denselben Menschen, der doch auf jedem ein anderer ist.

Derselbe, und doch ein anderer – das ist das Formgesetz individueller Selbstbehauptung unter den Bedingungen des permanenten Wandels einer anthropopoietisch ausgreifenden Zivilisation.

Aristoteles, Nikomachische Ethik, dt. v. Franz Dirlmeier, Werke, ed. Ernst Grumach, Berlin-Darmstadt 1969, Bd. 6
Hans *Belting*, Der Ort der Bilder II. Ein anthropologischer Versuch, in: ders., Bild-Anthropologie, München 2001, 57-86
Gottfried *Benn*, Rede auf Stefan George (1933), in: ders., Gesammelte Werke, hg. von Dieter Wellershoff, Wiesbaden 1968, Bd. 4, 1028-1041
Max *Bense*, Ästhetik und Zivilisation. Theorie der ästhetischen Kommunikation, aesthetica III, Krefeld-Baden Baden 1958
Max *Bense*, Programmierung des Schönen. Allgemeine Texttheorie und Textästhetik, aesthetica IV, Baden-Baden-Krefeld 1960
Gottfried, *Boehm*, Die Bilderfrage, in: ders., Hg., Was ist ein Bild?, München 1994, 325-343
Hans Robert *Jauß*, Ästhetische Erfahrung und literarische Hermeneutik, Ffm 1982
Carlo *Ginzburg*, Ecce. Über die biblischen Wurzeln des christlichen Kultbildes, in: ders., Holzaugen. Über Nähe und Distanz, Berlin 1999, 120-143
Carlo *Ginzburg*, Götzen und Abbilder. Die Wirkungsgeschichte eines Origines-Textes, in: ders., Holzaugen. Über Nähe und Distanz, Berlin 1999, 144-167
Martin *Heidegger*, Die Zeit des Weltbildes, in: ders., Holzwege, Ffm 1950, 69-104
Wolfgang *Hardtwig*, Der Historiker und die Bilder. Überlegungen zu Francis Haskell, in: Gesellschaft und Geschichte 24, 1998, 305-322
Stanislaw Jerzy *Lec*, Neue unfrisierte Gedanken, ed. Karl Dedecius, München 1964
Herbert *Malecki*, Spielräume. Aufsätze zur ästhetischen Aktion, Ffm 1969
Josef *Pieper*, Über das christliche Menschenbild, Leipzig 1936
Arthur *Schopenhauer*, Über die Universitäts-Philosophie, in: Parerga und Paralipomena, Sämtliche Werke, ed. Wolfgang Frh. von Löhneysen, Bd. 4, 171-242
Ulrich *Sonnemann*, Negative Anthropologie. Vorstudien zur Sabotage des Schicksals, Reinbek 1969
Andreas *Steffens*, Poetik der Welt, Hamburg 1995
Andreas *Steffens*, »Warum gibt es keine Zigaretten beim Ge-

müsehändler?«. Motive einer anthropologischen Ästhetik in der neueren französischen Philosophie, in: Weimarer Beiträge 44, 1998, 104-117

Andreas *Steffens*, Fortzusetzende Höhlenkunde. Anthropologische Bemerkungen zu einer Ästhetik der Weltfähigkeit, in: Joachim Kettel, Hg., Kunst Lehren?, Stuttgart 1998, 228-245

Andreas *Steffens*, Philosophie des zwanzigsten Jahrhunderts oder Die Wiederkehr des Menschen, Leipzig 1999

Andreas *Steffens*, Kunst der Weltbildung, in: Carl-Peter Buschkühle, Hg., Perspektiven künstlerischer Bildung, Köln 2003, 59-72

George *Steiner*, Von realer Gegenwart. Hat unser Sprechen Inhalt?, München 1990

Paul *Valéry*, Meine ›Poetik‹, Werke, Frankfurter Ausgabe, Bd. 5, 172-176

Raymond *Williams*, Innovationen. Über den Prozeßcharakter von Literatur und Kultur, Ffm 1983

Das Menschenrecht auf Unbestimmtheit

Das Geheimnis Europas ist, daß es das Leben nicht mehr liebt, schrieb Albert Camus 1951.

Daher rührt Europas Verbissenheit in seinen Anstrengungen, dieses Leben zu beherrschen.

Der anarchischen Dynamik des gelebten Lebens hat seine politische Geschichte, zugespitzt in der des soeben vergangenen Jahrhunderts, immer wieder den politischen Willen zur Herstellung einer allgemein verbindlichen, statischen Identität entgegengesetzt. Gegen die Politik exogener Erzeugung von Identität findet der Wille zu endogener Bildung von Identität als Ergebnis individueller Lebensgeschichten sich fast ausschließlich auf der Seite kulturellen Widerstandes gegen die politische Geschichte der Macht, mit der Ausnahme der kurzen Epoche des sozialdemokratischen Konsenses in den westeuropäischen Gesellschaften.

Nach dem Ende der Segregation der ost- und südosteuropäischen Gesellschaften durch die kommunistischen Régime haben sich angesichts ihrer Erblasten, die ebenso ökonomisch wie mentalitätsgeschichtlich verheerend wirkten, als Gegenbewegungen im wesentlichen zwei Tendenzen gebildet: eine voluntaristische, die den historischen Graben zu überspringen sucht, indem sie dort anzuknüpfen strebt, wo die Kontinuität abgebrochen wurde, und eine in ihrer Tendenz eskapistische, die sich von jeder Historizität abwendet und alles auf einen zukunftszugewandten Neubeginn in Gestalt möglichst rascher Eingliederung in die westeuropäischen politischen, kulturellen und ökonomischen Ordnungen setzt.

Als wesentliche Erfolgsbedingung für eine derartige Integration erscheint jedoch gerade die Wiedergewinnung eines Bewusstseins historischer Kontinuität. Deren kulturelle Wiederaneignung ist gleichbedeutend mit der Überwindung der Folgen, die die kommunistische Enteignung des Gedächtnisses hatte. Die Strategie der totalitären Regime beruhte auf einer Auslöschung des historischen Gedächtnisses. Sie war eine Politik der Retuschen und Löschungen.

Wie unabdingbar es ist, die Folgen dieser Politik des Vergessens durch eine Arbeit am Gedächtnis zu überwinden, zeigten die Balkan-Kriege der neunziger Jahre des 20. Jahrhunderts. In ihnen wurden die Handelnden von der Wiederkehr unbewältigter Konflikte überwältigt. Die Wiedergewinnung des historischen Gedächtnisses erwies sich als Bedingung dafür, mögliche *inner*kulturelle und *inter*kulturelle Konflikte, wie sie in dieser Weltregion schlummern, definieren und damit handhabbar machen zu können.

Dem aus dem Impuls zur Wiedergewinnung elementarer Humanität stammenden Wunsch danach, zu vergessen, steht die Notwendigkeit entgegen, nicht vergessen zu dürfen, weil die Politik, deren Folge die Erschütterung der Humanität ganzer Gesellschaften war, auf einer Strategie des Vergessens, der Auslöschung von Geschichte beruhte.

Der Mensch hat sich seit 1914 als eine überraschend viel bildsamere Masse erwiesen, als man gemeinhin annahm. Als Robert Musil diese Einschätzung 1922 formulierte, standen die welthistorisch umwälzenden Belege dieses Urteils noch aus. Die Bildbarkeit »des« Menschen wurde von den *Anthropolitiken* (Steffens 1999), in unvordenklicher Entschlossenheit zur Aufgabe gewählt.

Die kulturellen Zerstörungen, die von den kommunistischen Regimen angerichtet wurden, stehen in der Kontinuität dieser Politik am Menschen, die die welthistorische Dynamik des 20. Jahrhunderts beherrschte. Die Anthropolitik ist eine Politik der Identität: der eindeutigen und einsinnigen Definition dessen, was ein Mensch sein und wie dieser bestimmte Mensch existieren soll. Die faschistischen und kommunistischen Versuche zu ihrer

Verwirklichung endeten in einer unvordenklichen Inhumanität, in Handlungen blanker Vernichtung, deren Ziel die Ausmerzung derer war, die der Definition *des* Menschen nicht entsprachen.

Diese elementare historische Erfahrung macht den Abschied von jeder Politik der Identität zur Grundlage für eine künftige kulturelle Selbst-Bestimmung Europas. Deren Grundbedingung ist die Vermeidung verpflichtender Einheitskonzepte: das künftige Europa muss eine Kultur ausgehaltener Unbestimmtheiten sein. Das Zeitalter geglaubter oder dekretierter Gewissheiten und Eindeutigkeiten ist abgelaufen – oder sollte es doch sein.

Die großen Tyrannen sind nicht mehr von dieser, unserer Zeit. Sie sind uns näher als Dschingis-Khan und Attila, so daß wir uns kein unbedingtes Vertrauen in die Güte des Menschen leisten können; aber unsere, die transmodernen Tyrannen, sind noch nicht herangereift: Planer, Technokraten, Manipulierer der Erbmasse, Werbepsychologen, Psychotechniker und Biotechniker (sic !) *können unter Umständen unsere Bevollmächtigten für das Böse sein – aber heute noch nicht, sondern morgen oder übermorgen; denn die Transmoderne hat eben erst begonnen* (Dumitriu 1965, 263), schrieb der rumänische Romancier und Literaturkritiker Petru Dumitriu vor vierzig Jahren, 1965 – sein *morgen oder übermorgen* ist unser heute.

Tatsächlich tritt am Beginn des 21. Jahrhunderts eine unterschwellige Kontinuität der Politik der Identität in den politischen und kulturellen Suggestionen hervor, die von dem neuen medicotechnologischen Komplex in der Schnittstelle von Ökonomie, Natur- und Humanwissenschaften entfaltet werden. Die in historischer Unbekümmertheit unter dem Terminus »Biopolitik« inzwischen entworfenen Verheißungen stehen vorerst weniger im Horizont einer hell leuchtenden Zukunft, als im Schatten der Gewaltpolitiken am Menschen. Auch die liberale Gesellschaft ist vor dem Schwund des historischen Gedächtnisses nicht sicher.

Die Erfahrung der Geschichte verlangt nach wenigem so sehr

wie nach der Ächtung des Identitäts-Begriffs als eines *politischen* Leitbegriffs.

Als Leitbegriff kollektiven Selbstverständnisses gerät »Identität« in Widerspruch zu jener Selbstbestimmung, die als Kern individueller Identität seit der englischen »glorious revolution« des »habeas corpus« zum essentiellen Bestand kultureller Identität Europas gehört. Die Sicherung der Freiheit, die es nur als individuelle gibt, beruht auf dem Ausschluss definitorischer Unterwerfung individueller Bestimmungen unter Gehalte kollektiv postulierter Identitäten: der einzelne, der etwas Bestimmtes, und *nur* dieses sein soll, weil er einem sich mit eindeutigen Bestimmtheiten ausstattenden Kollektiv angehört, verliert seine Selbstbestimmbarkeit.

Das Prinzip der Selbstbestimmung des Individuums beruht auf der Einsicht in die Unergründbarkeit dessen, was ein Mensch sein kann: *Der Mensch ist mehr, als er von sich wissen kann* (Jaspers 1951, 1962, 25). Und er kann mehr *sein*, als er *wissen* will. Deshalb gilt: *Das Prinzip der Verbindlichkeit des Unergründlichen ist die zugleich theoretische und praktische Fassung des Menschen als eines historischen und darum politischen Wesens* (Plessner 1931, 1979, 317).

Das Verlangen nach Einheit ist proportional zum Reichtum oder zur Armut des kulturellen Gedächtnisses möglicher menschlicher Lebensformen.

Je reicher die Erinnerung, das historische Gedächtnis, desto geringer wird die Notwendigkeit eines *einsinnigen* politischen Identitätskonzeptes: je mehr einer von sich und den Dimensionen seiner Existenz und ihren Bedingungen weiß, desto weniger bedarf er des Rückhaltes fixierter Bestimmungen.

Als elementare Herausforderung für ein künftiges Europa erweist sich die Arbeit an einer Kultur schwebender Identitäten: des Aushaltens von Offenheit.

Angesichts der potentiellen Dynamik neuer »biopolitisch«

motivierter Politiken der Identität erscheint es auf lange Sicht als erforderlich, die Unbestimmtheit des Individuums als verbürgtes Recht in die politische Ordnung Europas zu implementieren, womöglich sogar im Rang eines verfassungsmäßigen Menschenrechtes. Die garantierte Offenheit dessen, was und wie Menschen sein *können*, wird zur Basis einer fortbestehenden Garantie der Menschenrechte.

Nach den Erfahrungen mit der Anthropolitik des 20. Jahrhunderts ist die Verfassungsgarantie der Unversehrbarkeit des individuellen menschlichen Lebens durch die Garantie zu präzisieren und zu erweitern, dass dieses individuelle Leben keinen exogenen Bestimmungen unterworfen werden darf, die die mögliche Pluralität seiner Identitätsbildung auf eine einzige, irreversible Bestimmtheit reduzieren.

In dieser Perspektive wird das Prinzip der *Vermeidung von Irreversibilität* zum Leitprinzip einer Bewahrung der Menschenrechte als Kern einer in der künftigen Weltordnung weiter zur Geltung zu bringenden kulturellen Identität Europas. Wenn man nicht, wie der deutsche Philosoph Georg Simmel bereits am Ende des Ersten Weltkrieges, davon überzeugt ist, dass Europa diese Rolle ausgespielt hat und die Zukunft der »amerikanischen Weltkultur« gehört, die er damals als Möglichkeit sah, deren Verwirklichung im Zeichen der »Globalisierung« begonnen hat. Will Europa dabei historisches Subjekt der Weltgeschichte bleiben, und nicht seinerseits Objekt im Prozess der Herstellung einer tendenziell dekulturalisierten uniformen Welt-Zivilisation werden, in der es alles als dasselbe überall jederzeit gibt, wird es eine seiner wesentlichen kulturellen Aufgaben sein, Identität neu als Inbegriff unausdenklicher menschlicher Möglichkeiten zu bestimmen.

Adorno, Theodor W., Negative Dialektik, Ffm 1966
Agamben, Giorgio, Homo sacer. Die souveräne Macht und das nackte Leben, Ffm 2002
Camus, Albert, Der Mensch in der Revolte (1951), Reinbek 1953

Dumitriu, Petru, Die Transmoderne. Zur Situation des Romans, Ffm 1965
Gerhardt, Volker, Selbstbestimmung. Das Prinzip Individualität, Stuttgart 1999
Geyer, Christian (Hg.), Biopolitik. Die Positionen, Ffm 2001
Habermas, Jürgen, Die Zukunft der menschlichen Natur. Auf dem Weg zu einer liberalen Eugenik?, Ffm 2001
Hoerster, Norbert, Ethik des Embryonenschutzes. Ein rechtsphilosophischer Essay, Stuttgart 2002
Jaspers, Karl, Über Bedingungen und Möglichkeiten eines neuen Humanismus, Stuttgart 1962
Maalouf, Amin, Les identités meurtrières, Paris 1998
Manea, Norman, Über Clowns, München 1998
Musil, Robert, Das hilflose Europa oder Reise vom Hundertsten ins Tausendste (1922), in: Gesammelte Werke, Bd. 8, Reinbek 1978, 1075-1094
Plessner, Helmuth, Macht und menschliche Natur. Ein Versuch zur Anthropologie der geschichtlichen Weltansicht (1931), in: ders., Zwischen Philosophie und Gesellschaft, Ffm 1979, 276-362
Steffens, Andreas, Philosophie des 20. Jahrhunderts oder Die Wiederkehr des Menschen, Leipzig 1999
Steffens, Andreas, Bunte Vögel. Historische Anthropologie und Gewalterfahrung, Graduiertenkolleg ›Codierung von Gewalt im medialen Wandel‹, Humboldt-Universität Berlin, Vortrags-MS 2001
Weinrich, Harald, Lethe. Kunst und Kritik des Vergessens, München 1997

Miniaturen

Un(be)lehrbar

Für Urs Diederichs

Du kannst nicht im Schreiben und Lesen unterrichten, wenn du es nicht selber kannst; viel weniger lehren, wie man recht leben soll, wenn du es selbst nicht tust, lautet das 29. Stück im 11. Buch der ›Selbstbetrachtungen‹ des Marc Aurel.

Das ist die ethische positive Wendung des Grundsatzes, der zum negativen Urgebot moderner Moral werden sollte, nichts zu tun, von dem man nicht bereit sei, es von anderen zu erdulden: Was du nicht willst, das dir man tu, das füg auch keinem andern zu.

Der kaiserliche Philosoph der Spätantike wusste es besser: man soll tun können, was man von anderen erwartet; man soll von anderen nicht fordern, was man selbst zu leisten weder imstande, noch bereit ist.

Diese winzige Differenz ist eine ums Ganze: eine Ethik, die aus Geboten besteht, wird immer den kürzeren ziehen gegenüber einer, die zu vermeiden empfiehlt, dessen Befolgung den, der es einforderte, überfordern müsste. Es kann verantwortlich sein, etwas zu lassen; erfüllt aber wird Verantwortung nur in richtigem Tun.

Für die wichtigste unter den Aktualisierungen antiken Denkens liegt darin, dass es zwar Lebenskunst geben kann, aber keine ›Schule‹, in der sie gelehrt werden könnte. Das wusste Epikur, dessen einzige ›Lehre‹ darin bestand, das Schlechte zu vermeiden, und darauf verzichtete, den Gewinn des Guten einzuüben.

Wer sie hat, genießt sie, ohne zu analysieren, wie; bedacht wird Lebenskunst von dem, der sie – noch – entbehrt. Von ihrem Philosophen lässt sich nur lernen, wie es sein könnte, sie zu haben: aus dem Blickwinkel des Suchens nach ihr, das der schon hinter sich hat, der von ihr berichten kann: man muss haben, worüber man spricht. Wenigstens eine Vorstellung davon.

Eine Philosophie der Lebenskunst hat von dieser nichts zu lehren, da aus der, die einer für sich gewann, nichts nachgemacht werden kann. Eine jede ist für die, die sie als Lehre aufzunehmen und schließlich anzuwenden streben, nichts als der Bericht eines Münchhausens des eigenen Lebens, der erzählt, wie es ihm gelang, sich an den Haaren seiner Reflexion aus dem Sumpf seiner Lebensunbilden zu ziehen. Die Empfehlung, die in einem solchen ›Seht, wie es mir glückte‹ liegt, lässt sich nicht befolgen: werdet wie ich, und auch euch wird es gelingen. Denn dieses Gelingen ist an die Person gebunden: jeder hat wie sein eigenes Leben auch seine eigene Kunst, es zu führen. Wenn anders, ein Seneca, ein Marc Aurel, ein Montaigne hätten ausgereicht, Europa die Kunst glücklichen Lebens beizubringen.

Für den, der es dennoch nicht lassen kann, zu lehren, folgt daraus das unerlässliche Gebot, sicherzustellen, es selbst schon zu sein, bevor er daran geht, andere über das zu unterrichten, wovon er überzeugt ist, dass man es sein solle. Wer nicht ist, wozu er andere machen will, wird aus ihnen machen, was keiner wünschen kann, zu sein: Krüppel unerfüllbarer Ideale.

Dieses erste und einzige Gebot jeder Lehre macht alle Pädagogik hinfällig, außer der einen des Vorbilds. Jede Erziehung scheitert an ihrem Ziel. Zu einem Selbst, das ihr einziges Ziel doch sein müsste, macht jeder nur sich selbst.

Das einzig legitime Gebot jeder Lehre richtet sich an den Lehrenden: wisse zu erkennen, wie beschaffen ist, wozu du anderen verhelfen willst. Kompetenter, als der gesunde, heilt der kranke Arzt: desto besser, je einsichtiger eigene Krankheit ihm Wert und

Art der Gesundheit werden lässt.

Auf sein skandalöses Doppelleben angesprochen, soll der katholisch konvertierte Freigeist Max Scheler geantwortet haben, ein Wegweiser gehe nicht selbst den Weg, den er weise. Das war die verschämte Finte eines Denkers, der es aufgegeben haben mochte, ein Weiser werden zu wollen, der durch Beispiel der Wegweiser wäre, der sein zu wollen seine Weisheit ihn doch immer zurückhalten muss.

Die Replik brachte ihm die Verachtung des unerbittlich kritischen Adorno ein, der in ihr das verächtlichste Beispiel geistiger Vulgarität zu tadeln fand.

An solchem Rigorismus der reinen Moral wird deutlich, wie unendlich wertvoll die Bedächtigkeit einer Ethik ist, die nicht fordert, sondern zu vermeiden lehrt: Der Philosoph, der bekennt, der Weiser seiner Lehren nicht sein zu können, löst das Leben aus dem Zwang, sein zu müssen, was es nicht sein kann. Gut, wenn ein Philosoph ist, was er lehrt; aber wenn er es nicht ist, entwertet es die Einsicht seines Denkens nicht, wenn es eine ist; ist sie wahrhaftig, bleibt sie es. Eine Wahrheit wird nicht dadurch zur Lüge, dass sie von einem Lumpen ausgesprochen wird.

Niemand soll die Einhaltung eines Maßes einfordern, das er selbst nicht erfüllt, oder erfüllen könnte, nicht wenigstens sich bemüht, es zu erfüllen; aber ein Maß, das eines ist, bleibt eines, wie wenig der, der es benennt, ihm selbst auch zu genügen vermag.

Was einer nicht ist, soll er nicht fordern; aber was einer erkannte, muss er nicht sein, um es zu äußern.

Denkers Blindheit

Heideggers Hypnose durch Hitlers Hände

Von dem man es erwarten konnte, er erwies sich als unbestechlich, und ließ sich nicht einfangen, nicht einmal beeindrucken, weshalb ihm für den Rest eines unerhört langen Lebens hasserfüllt zum Vorwurf gemacht werden sollte, dessen er sich nicht schuldig gemacht hatte; von dem es am wenigsten zu erwarten war, er ließ sich widerstandslos gefangen nehmen, und gab jede bessere Einsicht zugunsten kritiklos bewundernder Verehrung auf, weshalb für den Rest seines Lebens wohlwollend übergangen wurde, dessen er sich schuldig gemacht hatte.

Der elementare Unterschied in der Begegnung mit dem Ungeheuerlichen gibt sich noch im Nachkriegs-Briefwechsel zwischen Ernst Jünger und Martin Heidegger zu erkennen, der geprägt ist von freier Offenheit beim Denker aus Temperament, und verhaltener Vagheit beim Denker von Beruf.

Der eine hatte widerstanden, in jedem Sinn des Wortes, der andere war unterlegen. In einem der kritischsten Momente der von beiden mystifizierten Geschichte hatte der Denker von Geblüt die Übersicht bewahrt, während der vom Fach sie verlor.

Für den Berufsdenker ist nichts so gefährlich wie der Einbruch einer Emotion, die seine Intelligenz desto stärker überwältigen muss, je weniger seine Gedanken sie kennen. Sie macht ihn dumm gegen alle Einsicht.

Für Heidegger war es die einzige homoerotische Affektion, deren Einbruch so widerstandslos war, wie sie auf Distanz geschah, die ihn zur Dummheit zwang. Umso unverständlicher, als er seiner Libido keine Zügel anlegte, die über die Konventionen der Schicklichkeit hinausgegangen wären, was er erotisch brauchte, wusste er sich zu nehmen. Ersatzhandlungen bedurfte er keiner. Um so verstörender muss dieser Einbruch gewesen sein, dass es ihn zum Schweigen darüber für den Rest des Lebens anhielt.

Es waren Hände, die den Denker verwirrten. Keine der Frauen, die er ›verehrte‹; Hände eines Mannes. Des Mannes, der die Welt in Händen zu halten überzeugt war, und ihr das historische Schauspiel einer maßlosen Orgie viriler Gewalttätigkeit bot, dessen eigene Männlichkeit durch nichts belegt, durch manchen Umstand seines Lebens dagegen fraglich ist.

Bis zu Hitlers Machtübernahme trugen Karl Jaspers und Martin Heidegger ihre Rivalität um die Existenzphilosophie noch in persönlichen Gesprächen aus. Was Heidegger während einer ihrer letzten Begegnungen Jaspers auf dessen Frage entgeisterten Unverständnisses: *Wie soll ein so ungebildeter Mensch wie Hitler Deutschland regieren?*, zu antworten über sich brachte, ist eine der erschreckendsten Dummheiten, zu denen ein Philosoph sich jemals hat hinreißen lassen: *Bildung ist ganz gleichgültig, sehen Sie nur seine wunderbaren Hände an!*

Es war Bewunderung eines Ungeschickten für einen Unberührbaren. Das Wesen Hitlers in seinen Händen verkörpert zu sehen, war so vollkommen treffende Einsicht, wie die an sie geheftete Bewunderung deren Auslöschung. Sie offenbart eine konstitutionelle Körperschwäche des Denkers, sind die Hände doch als Grundwerkzeug seines Lebens die intelligentesten Organe des Menschen. Diese Hände über alles Denkwürdige zu stellen, entlarvt die lebenslang kolportierte Fama von der handwerklichen Geschicklichkeit des Philosophen, der seine Denkerhütte in Todtnauburg eigenhändig errichtet habe, als Mythos der Selbststilsierung eines Intellektuellen, der seine Herkunftsverlegenheiten nie ganz verwinden konnte.

Hitler hat seine bewunderten Hände nur ein einziges Mal in einem Akt der Verwirklichung seines Lebens benutzt: zur Auslöschung eines anderen. Der kuchenfressende Vegetarier war ein Würger auf Distanz. Die Berührungsschwäche des Angstneurotikers ließ ihn ein System des indirekten Tötens errichten. Er ließ Hand anlegen, und blieb unberührt. Weshalb sein maßloses Wüten erst im Tod von eigener Hand zur Ruhe kommen konnte.

Seine Herrschaftstechnik des unbefleckten Mordens hat er nur das eine Mal aufgegeben, als er sich des intimsten Zeugen seiner intimsten Lebensuntüchtigkeit entledigte.

Hitler hatte keine Libido. Deshalb flog die von Millionen ihm zu. Er konnte so wenig sein, wie ein Mensch zu sein hat, dass er eine Gewaltherrschaft zur Ausrottung all derer errichtete, die nicht waren, wie er fand, dass sie sein sollten. Als das Spiel um die Macht es gebot, sich der homosexuellen Männerbünde wieder zu entledigen, die sie ihm verschafft hatten – Hans Blüher hat den zu wenig beachteten Zusammenhang zwischen homosexueller Männerbündelei nach dem Ersten Weltkrieg und nationalsozialistischer Machtpolitik in einem apokryphen Zeugnis pointiert –, ergriff er die Chance, und beseitigte den letzten Zeugen seiner doppelten Unfähigkeit. ›Geli‹, die Geliebte der Münchner ›Kampfzeit‹, war nicht wirklich eine, weshalb sie sich das Leben nahm; Freund Röhm musste erleben, dass er mit Männern so wenig konnte wie mit Frauen. Das war unverzeihlich, und das Todesurteil, sobald die Umstände es zuließen. Im Juni 1934 war es soweit. Röhm und die SA-Führung wurden in einer von Hitler geführten, als Abwehr eines bevorstehenden Putsches dargestellten Kommandoaktion liquidiert, während im ganzen Reich gleichzeitig hunderte Gegner des Regimes ermordet wurden. Dass es durch kein Zeugnis bewiesen ist, macht es nicht unwahrscheinlicher, dass Hitler selber schoss.

Es wird derselbe Revolver gewesen sein, den er fünfzehn Jahre später gegen sich selbst richten musste, als die Welt, die er gegen sich mobilisiert hatte, weil er nicht verstand, als Mensch in ihr zu leben, seinem Wüten ein Ende bereitete.

Hitler hatte keinen Körper. Sein Unvermögen, sein Dasein mit seinem Leib zu verwirklichen, verurteilte ihn zur Weltlosigkeit so sehr, dass er die Welt zwingen musste, sich mit seinem Dasein ausschließlich abzugeben.

Des Denkers Bewunderung für des Diktators Hände kam der Wahrheit seines Daseins so nahe, dass der Verzicht auf Einsicht, den sie vollzog, doppelt unverzeihlich erscheinen muss. In der Faszination des Philosophen durch die hässlichen Hände des Diktators gibt sich die unbedachte Bewunderung des Denkers der Weltlosigkeit für deren bedenkenlosesten Triebtäter zu erkennen, in dessen Herrschaft des Todes sie kulminierte.

Da waltete mehr als nur ›Verführbarkeit‹: Verwandtschaft. Was diese beiden exemplarischen Figuren des Jahrhunderts verband, ging über jene parallele Mobilisierung der Provinz hinaus, die Michael Landmann in einer unbeachtet gebliebenen Skizze beschrieben hat. Hitlers Herrschaft war der Einbruch eben jenes Nichts in die Geschichte, das Heidegger als Geheimnis des Seins zu offenbaren zeitlebens nicht müde wurde. Jener tat, was dieser dachte.

Ein Blick ins allgegenwärtige Gesicht des ›Führers‹, dessen Würgertum spätestens seit jenem ›Röhm-Putsch‹ offensichtlich war, statt auf seine Hände, hätte seine ›Nichtigkeit‹ unübersehbar machen müssen. Aber physiognomische Aufmerksamkeit ging dem Denker des Nichts ab. Heidegger sah nicht.

So wenig, dass er fünf Jahre nach Hitlers Machtantritt seine fundamentale Kulturkritik des Sehens ›Die Zeit des Weltbildes‹ entwarf, die er fünf Jahre nach dem Untergang des blind Bewunderten veröffentlichte. Mit der Denunziation des denkenden Auges, der erkennenden Vorstellungskraft als metaphysisches Erzübel des untergehenden Abendlandes endete Heideggers

Phänomenologentum. Er wollte nicht gesehen haben, was vor aller Augen gestanden hatte.

Blüher, Hans, Die Gründung des Dritten Reiches, in: Pierre *Klossowski*, Die aufgehobene Berufung (1950), München 1997, 129-137

Heidegger, Martin, Zeit des Weltbildes, in: ders., Holzwege, Ffm 1950, 69-104

Heidegger, Martin / *Jünger*, Ernst, Briefe 1949-1975, Ffm-Stuttgart 2008

Jaspers, Karl, Notizen zu Martin Heidegger, München-Zürich 1978

Landmann, Michael, Heidegger und Hitler, in: ders., Das Ende des Individuums. Anthropologische Skizzen, Stuttgart 1971, 66-67

Picard, Max, Das Gesicht Hitlers, in: ders., Hitler in uns selbst, Zürich-Stuttgart 1946, 68-75

Schmölders, Claudia, Hitlers Gesicht. Eine physiognomische Biographie, München 2000

Tränenlos

I

Zu ihrem Eigenmythos gehört die Behauptung, Philosophie sei aus dem Staunen entstanden. Sollte auch diesem Mythos, wie den meisten, der Kern von Wahrheit innewohnen, an den ihre Geschichten sich ankristallisierten, so enthält dieser vermutliche Ursprung einen Maßstab zur Beurteilung auch ihrer späten Leistungen. Folgt man ihm, so wird bemerkbar, dass die Philosophie das Fragen, in dem das Staunen sich äußert, wenn es begonnen hat, sich im Bewusstsein zu rühren, lange hinter sich gelassen und sich ganz auf das Erklären verlegt hat. Als wäre es ihre Aufgabe, das Staunen gar nicht mehr aufkommen zu lassen, indem für jede Frage, die gestellt werden könnte, eine Antwort bereit gehalten wird. Als wollte sie sich überflüssig machen.

Das wäre nicht ihr schlechtester Daseinssinn. Nur kommt es auf das Motiv an, überflüssig zu werden. Weil ihr nichts mehr zu tun übrig, alles also getan ist, oder weil die Herausforderungen, denen sie sich stellte, nicht mehr existieren? Das eine ist so unwahrscheinlich wie das andere.

Oder am Ende gar, weil sie hätte einsehen müssen, nicht leisten zu können, was sie immer für ihre Aufgabe gehalten hatte?

Sie hätte ihr Ziel der Überflüssigkeit erreicht, wenn es nichts mehr gäbe, worüber sich noch staunen ließe, weil es nichts mehr gäbe, wofür es keine Erklärung gäbe. Dann bliebe als letztes Erstaunen, dass man einmal hat staunen können – oder aber, wie es möglich sei, nichts mehr unerklärt zu finden. Dafür aber müsste es Erinnerung an den Zustand geben, in dem es noch ›offene

Fragen‹ gab.

Schon diesen hypothetischen Zustand zu umschreiben, zeigt, wie weit selbst jene ›Wissensgesellschaft‹ noch von ihm entfernt ist, die manchmal schon glauben will, ihn erreicht zu haben.

Bis zu einem letzten Erstaunen bleibt vieles erstaunlich, nicht zuletzt an der Denkform selbst, die das Staunen erfunden haben will. Etwa: worüber Philosophen *nicht* staunen.

Eine solche Erstaunlichkeit hat José Saramago in einer der für seinen Stil kennzeichnenden barocken Abschweifungen in seiner poetischen Reflexion des Problems der Identität entdeckt, in seinem Roman ›Der Doppelgänger‹, der selbst philosophischen Ranges nicht durch seine fast verborgen gehaltene Thematik, sondern durch die Antwort auf die Frage ist, die er ungestellt lässt: dass nämlich die Vision einer identischen Reproduzierbarkeit des Menschen als Einzelwesen eine reine Gewaltphantasie ist – das Doppelgängertum, das sie hervorbrächte, wäre für alle davon Betroffenen so unerträglich, dass sie alles daran setzen müssten, sich gegenseitig umzubringen.

Erstaunlich, wie einfach die Lösungen der ›großen‹ Fragen sind, und zum Heulen, wie wenig dieser einfache Gedanke erst gefasst wird.

In der ein mangelndes Erstaunen dingfest machenden Abschweifung schließt Saramago kurz zwischen dem Staunen und dem Heulen.

Vielleicht können wir uns besser verständlich machen, wenn wir ein wenig vom zentralen Thema abweichen und uns auf die klassische, inzwischen gleichwohl etwas in Verruf geratene Einteilung der menschlichen Temperamente in vier Haupttypen besinnen, nämlich den Melancholiker, den die schwarze Galle hervorgebracht hat, den Phlegmatiker, der eindeutig auf das Phlegma zurückgeht, den Sanguiniker mit einer für Lateinkundige nicht weniger eindeutigen Beziehung zum Blut und schließlich den Choleriker, der aus der weißen Galle hervorgegangen ist. Wie wir leicht feststellen können, gab es in dieser vierteiligen, primär symmetrischen Ordnung der Temperamente keinen Platz für die Gemeinschaft der Sanftmütigen. Doch die Geschichte, die nicht immer irrt, versichert uns, dass sie bereits in alten Zeiten existiert haben, und zwar in großer Zahl, so wie auch die Gegenwart, jenes Kapitel der Geschichte, das stets neu geschrieben werden muß, uns sagt, dass sie nicht nur weiterhin existieren, sondern sich sogar noch vermehrt haben. Die Erklärung für diese Anomalie, die uns, angenommen, wir akzeptieren sie, sowohl zu einem Verständnis der düsteren Schatten der Antike als auch des heiteren Lichts der Jetztzeit führen könnte, findet sich möglicherweise darin, dass bei der Definition und Aufstellung der oben beschriebenen klinischen Einteilung eine Stimmung vergessen wurde. Gemeint sind die Tränen. Es ist erstaunlich, um nicht zu sagen skandalös im philosophischen Sinne, dass etwas so Offensichtliches, so Fließendes und Überströmendes wie die Tränen bei den ehrwürdigen Weisen der Antike und auch bei den nicht weniger klugen, wenngleich weniger ehrwürdigen Weisen der Jetztzeit so wenig Beachtung gefunden hat.

Am nächsten kam den Tränen Georg Simmel, als er fast verschämt seinem zu Lebzeiten unveröffentlicht gebliebenen Tagebuch sein Erstaunen anvertraute, *wie wenig von den Schmerzen der Menschheit in ihre Philosophie übergegangen ist*. Erst Helmuth Plessner sollte, über ›Lachen und Weinen‹ nachdenkend, von der Feststellung einer Aufgabe zu deren Bearbeitung finden.

Tränen sind Zeichen der Schwäche, in ihrem Fluss löst sich die Empfindung einer Überwältigung. Die Überforderung durch eine den ganzen Menschen ergreifende Emotion, einem Unglück hilflos ausgeliefert zu sein, löst ihn aus. Die Tränen sind die haltlose Einsicht in ein menschlich elementares Unvermögen. Sie zeigen an, dass einer erfahren hat, dass es Bedingungen des Daseins gibt, gegen die kein menschliches Vermögen aufkommt.

Tränen sind das empfindlichste Zeichen der Selbstschwäche des Menschen. Deshalb werden sie instinktiv vor anderen verborgen, weil sie zeigen, was für alle gilt, aber niemand wahrhaben will, noch darf; weniger, um die Peinlichkeit zu vermeiden, eigene Schwäche zu zeigen.

Als Zeichen dieser Selbstschwäche *des* Menschen müssen sie ein Ärgernis für eine Philosophie sein, die ihren Ehrgeiz daran setzt, den Menschen gegen seine Daseinsbedingungen stark zu machen. Aber anders als Nietzsche, der ›ängstliche Adler‹, wie ein Biograf ihn treffend nannte, der aus eigener Erfahrung den Mechanismus nur zu gut kannte, und eine Vision eines Menschen entwarf, der gerade aus der Erkenntnis seiner Schwäche zu einem starken Wesen würde, begann die Neuzeit, deren Zeitgenossen wir unverändert sind, Postmoderne hin, Nachgeschichte her, mit der Entdeckung der Stärke, der Macht, die im Wissen stecke.

Seitdem ist die Philosophie als Instanz der Gewährleistung und der Bekräftigung des menschlichen Erkenntnisvermögens an das Fremdinteresse gebunden, und von der Selbsterfahrung des Menschen in seinem Dasein abgelenkt. Gerade, weil ihre Bemühung, eine unanfechtbare Erkenntnis der Welt zu begründen, um die Wirklichkeiten des Daseins kalkuliert beherrschen zu können, ganz im Bann der ursprünglichsten aller Erfahrungen steht, dass die Welt voller Gefahren ist, gegen die es alle Vermögen, über die der Mensch verfügt, zu stärken gilt. Der Mensch ist das Wesen, das zum stärksten aller Lebewesen wurde, weil es das schwächste in einer ihm am wenigsten wohlgesonnenen Welt ist.

Gegen die Ungewissheit des Daseins setzt die Neuzeit statt der Selbsterkenntnis die Fremderkenntnis einer Natur, deren möglichst vollkommene Erkenntnis sie den Lebensanforderungen des Menschen unterwerfbar werden lassen soll. Der Mensch ist das einzige Wesen, das damit die ursprüngliche Konstellation umkehrte, und statt sich an die Welt, diese an sich anpasst.

Das Erscheinen des Menschen in der Welt muss von so großer Unwahrscheinlichkeit und so geringer Chance auf Dauer gewesen sein, dass die Welt bis heute nicht aufhören konnte, über ihn zu staunen, und er selbst nicht, sich seines Seins in ihr unsicher zu fühlen. Die Nötigungen der Behauptung einer äußerst unwahrscheinlichen Existenz haben das Wesen, das als einziges dazu befähigt ist, sich für sich selbst zu interessieren, darauf festgelegt, sich vor allem anderen für alles außerhalb seiner selbst zu interessieren. Von dieser anthropogenetischen Erbschaft lebt noch jede geheimdienstliche Informationssammelwut, jede Talkshow, jede Illustrierte aller Regenbogenpressen, jeder Schwatz unter Nachbarn über Nachbarn im Hausflur. Es ist existenzsichernder, die anderen zu kennen, als sich selbst.

Das erste aller menschlichen Interessen an Selbsterhaltung legte die Ausbildung der menschlichen Fertigkeiten auf Fremdbeherrschung fest. Als Folge dieser Bündelung aller Kräfte, die geistigen eingeschlossen, ließ die Selbstwahrnehmung verkümmern, barg doch die Ablenkung des Erhaltungsinteresses vom ›Äußeren‹ der Welt die größte Gefahr, in der Aufmerksamkeit auf Gefahren nachzulassen. Das Interesse an sich selbst ist erst ein Luxus des Menschen, der die Gefährdung des Menschseins nicht mehr elementar erlebt.

Der berüchtigte ›homo mensura‹– Satz des Protagoras, demzufolge ›der Mensch das Maß aller Dinge ist‹, war noch keine Anweisung auf Anthropologie, sondern eine frühe Formel für die Bedürftigkeit des Menschen als eines in der Welt kaum verankerten Wesens, das zuerst diese kennen muss, bevor es sich leisten kann, sich selbst kennen zu wollen.

Der Kleinbürger, der es im Leben zu etwas bringen will, und alles an sein Fortkommen wendet, der seine Selbsterhaltung so umsichtig und ausschließlich betreibt, dass er gar nicht dazu kommt, an ein Selbst zu denken, so dass er im endlich erreichten Ruhestand an seiner Selbstlosigkeit den plötzlichen Rentnertod stirbt, erfüllt das neuzeitliche Daseinsprogramm des weltungewissen Lebewesens mustergültig.

Jede Träne, die im Prozess der Zivilisation über den Leiden

vergossen wurde, die er kostete, war eine Mahnung an die Größe der Aufgabe, und desto verächtlicher, je größer die Überzeugung wurde, sie gelöst zu haben. Jede, die noch vergossen wird, ist ein Stück Zweifel, ob es wirklich gelungen sei: eine Welt, in der noch eine einzige vergossen werden kann, kann noch keine vollendet menschliche Welt sein.

Gegen diesen nie ganz zu beruhigenden und stetig fortschwelenden Verdacht sind alle Anstrengungen der modernen Philosophie gerichtet gewesen, die Erkenntnis zu einem unfehlbaren Instrument der Weltbeherrschung zu machen.

Notwendig und allgemein müsse eine Erkenntnis aus Vernunft sein – und welche andere käme für einen Philosophen auch in Frage – , fasste der Königsberger Einsiedler Immanuel Kant ihr Ideal zusammen. Privates aus eigener, und das hieß gemäß dieses höchsten Maßstabes: zufälliger und einzelner, Erfahrung kam da nicht in Betracht. Nicht zuletzt deshalb, weil es bei Kant selbst so gut wie nichts gab, was zu einer Erkenntnis aus Eigenem zu allgemeiner Einsicht hätte befähigen oder gar nötigen können, wie tränentreibende Erlebnisse. Kant war die ideale Verkörperung des Schreckbildes eines weltlosen Gelehrten, der in einer Lebensferne ausschließlich seinem Begriffswerk hingegeben dahinlebte, von der sich nicht sagen lässt, ob sie aus Gleichmut oder Gleichgültigkeit stammte.

Seine reine Vernunft – deren ›Kritik‹ einer der größten Geniestreiche in zweitausend Jahren Philosophie ist – ist auch eine bereinigte Vernunft.

Das verlieh ihm Ansehen auch bei dem reinen Denken sonst ganz abgeneigten Angehörigen der Nation, die sich, aus Blut und Dreck von einem hass- und tobsüchtigen Junker zusammengekriegt und –gekauft, bis heute auf ihren Sauberkeitssinn so viel zugutehält, nicht bedenkend, dass es der aus ihm entsprungene Wahn der Rassereinheit war, was sie um ihre kaum begonnene Geschichte als Nation brachte.

Erst der sterbende Kant weinte, aus Schwäche und versagender Kraft, im Bewusstsein, nun zu vergehen, ohne ganz geleistet zu haben, was er sich aufgegeben glaubte.

Unsere Tränen erinnern daran, dass der Mensch, der sich gegen die Welt mit seiner Kultur so stark machte, dass mancher es an der Zeit findet, über die Bewahrung der Welt vor der Stärke des Menschen nachdenken zu sollen, so schwach ist, wie er immer war.

Der weinende Mensch ist der schwache Mensch; aber der Mensch darf nicht schwach sein, um sein zu können. Vor allem aber ist er der Mensch, der nicht mehr ausweichen kann, dem die Grundleistung der Kultur nicht mehr beisteht, fernzuhalten, was einem nicht zu nahe kommen darf, und zu delegieren, was man selbst nicht leisten kann.

Viele Lebenstätigkeiten lassen sich delegieren, von anderen für einen erledigen, sogar das Leben selbst, das wir von anderen etwa in den Romanen führen lassen können, die wir – deswegen – lesen; fast alles lässt sich von fast allen für fast alle tun, so, wie ein jeder von anderen durch Zeugung und Geburt hat ins Leben gebracht werden müssen; Tränen vergießen muss man selbst, so wie man selbst wird sterben müssen, und wie viele sind darüber nicht von denen vergossen worden, die einsehen mussten, dass dieser letzte Schritt des Lebens für sie nun unausweichlich geworden war.

Um so erstaunlichlicher, wie geringfügig das Los der Tränen in der Philosophie ist, die das Leben doch immer von seinem Ende her so ausschließlich dachte, dass wenig Sinn für das übrigblieb, was ein Leben davor ausmacht.

II

Was wäre geeignet, einen Philosophen zum Weinen zu bringen? Außer der allgemeinen Misere des Menschseins, deren Variations- und Aktualisierungsreigen durch die Weltgeschichte hin das Nachdenken, das über die Zwecke und Bedürfnisse der unmittelbaren Lebensbedürftigkeiten hinausreicht, seit jeher weckt und verstört zugleich?

Es müsste eine Einsicht sein. Eine äußerste und unbestreitbare Einsicht, die so eingreifend wäre, dass sein Philosophentum daran hinfällig würde, sei es durch persönliche Unzulänglichkeit, sei es durch erwiesene Unfähigkeit des Philosophierens selbst. Es müsste die Einsicht in die Vergeblichkeit alles Nachdenkens sein.

Von Ernst Bloch ist überliefert, dass er, besonders in seinen späteren Jahren, zuverlässig und unweigerlich an einer bestimmten Stelle des ›Fidelio‹, an der das Trompetensignal die bevorstehende Einlösung der Hoffnung auf Befreiung aufruft, in Tränen ausbrach. Mag sein, dass die Emotion, die die Musik freisetzte, ihn auf die Grenze setzte zwischen festgehaltener Hoffnung und ihrer dem Nachdenken untrüglichen Vergeblichkeit. Nicht um sich und sein Leben habe er getrauert, kommentierte die Gefährtin Karola fürsorglich bemüht um den Philosophen, sondern um all jene Menschen, denen versagt bliebe, was in diesem Stück eines späten, unkomprommitierten Humanismus an Sehnsuchtsversprechen liegt. In dieser liebevollen Ablenkung der persönlich intimsten Äußerung des Philosophen vom rein Persönlichen hinüber ins Ideelle, dem dessen Verpflichtung einschränkungslos zu gelten hat nach dem Mythos des Philosophen, wie ihn die antike Stiftung der Gestalt begründete, liegt auch ein stückweit Trost für den nie ganz zu behebenden Verdacht der Vergeblichkeit allen Tuns.

Der – neuzeitliche – Idealtypus des antiken Weisen wählte

den Tod als Konsequenz aus der äußersten Erfahrung, die ihn hatte einsehen lassen, dass jede Einsicht unmöglich sei, indem er einsah, nichts eingesehen zu haben. Das Wissen, das weiß, nichts zu wissen, ließ Sokrates lieber sterben, als mit der Einsicht in die Vergeblichkeit jeden Einsichtsbemühens weiterzuleben. Da kam ihm der politische Unsinn der Anklage gerade recht, den diejenigen, die sie erhoben, am allerwenigsten ganz ernst nahmen, darauf vertrauend, dass der kluge Mann sich schon aus der Affäre zu ziehen wisse, der noch nie um eine Klugheit verlegen gewesen war.

Sein ganz erst in Zeiten, die vom Mythos nichts mehr wissen wollten, mythisiertes Ideal müsste als letzte Äußerung der Klugheit postulieren, auf sie zu verzichten, und dem Unsinn seinen Lauf zu lassen.

Das aber wäre endgültig zum Heulen.

Vom Beginnen

Zu schreiben anfangen darf ich, wenn ich so lange gewartet habe, daß die Ahnung wieder stärker werden konnte als das Gewußte.
Peter Handke, ›Die Geschichte des Bleistifts‹

Dimensionen

Ein Jahrhundert, unser Jahrhundert, geht zu Ende. Ein neues ist dabei, zu beginnen, und mit ihm gar ein neues Jahrtausend – entmutigende Dimensionen.

Ist man, in der Mitte dieses Jahrhunderts geboren, auf den bevorstehenden Übergang in den Anfang eines neuen vorbereitet?

Kann man es sein?

Schon an diesem Beginn des Nachdenkens über das Beginnen drängt sich der Zweifel, dieser Antreiber der Produktivität, vor, als Einspruch und Selbst-Zwischenruf – : Überfrachten derlei Fragen nicht einfach-praktische Zeitrechnungskonventionen mit einem Übermaß fiktiver Bedeutsamkeit, die ihren rein pragmatischen Sinn einer Abfolgeordnung der alltäglichen Vorgänge überdehnt?

Aber darf man Fragen mit Fragen beantworten?

Einst von seinen Schülern, nach langem Zögern, darauf angesprochen, antwortete der Rabbi nach ebenso langem Überlegen: Warum soll man auf eine Frage nicht mit einer Frage antworten?

Wer die eine sucht, wird keine Antwort finden. Wer gar auf eine endgültige ausgeht, muss in des Kaisers neuen Kleidern heimkehren.

Offenbar beginnt das Beginnen mit dem Fragen. Aber ebenso offenbar kommt man nicht weiter, solange man darüber nachdenkt, wie man recht beginnen könnte.

Ein Anfang, wird er gesetzt oder gefunden?

Ludwig Hohl, der einsame Schweizer Grübler, hat eine mögliche Antwort formuliert, die geeignet scheint, die Hemmung des Anfangens zu überwinden. *Wie aber soll man‹s nur anfangen! Das Anfangen ist sowieso leicht. Und nach und nach erst stehen die Gesetze vor dir auf. Wie willst du korrigieren, wenn du nichts zu korrigieren hast?*

Man muss bereits begonnen haben, damit etwas seinen Anfang nehmen kann. Anfänge gibt es als datierbare nur in der Rückschau. Man hat sie, als erkennbare, immer hinter, nie vor sich.

So kommt es darauf an, sich mit Bedacht in die Zukunft hinein zu erinnern: vor sich zu bringen, was man an Unerprobtem hinter sich hat.

Etwas lässt sich nur aus etwas anderem hervorbringen, weshalb Beginnen immer ein Neu-Beginnen, unabschließbar also ist. Es gibt nicht »den« Anfang, nur »das« Anfangen, als Prozess, in dessen Verlauf man sich immer schon befindet, wenn man glaubt, mit dem Entschluss, etwas Neues, Anderes zu beginnen, einen gesetzt zu haben. Im weiteren Prozessverlauf wird man in aller Regel zu bemerken haben, dass diese Datierung ebenso willkürlich wie verkennend war: Man musste schon begonnen haben, sobald das Gefühl sich einstellte, sich zu einem Neu-Anfang entschlossen zu haben.

Abschiedsbegeisterung

Seit einem Jahrzehnt begleitet uns eine eigentümliche Abschiedsbegeisterung. Die Trauer ist als Grundgefühl des Abschieds von der Freude ersetzt worden. In den Künsten wich die Melancholie des Verfalls Gesten der Erleichterung: Überflüssiger Ballast ging zuhauf über Bord. Der wahrhaftige Kitsch, der entsteht, sobald ein Gefühl der Abwehr beginnt, genossen zu werden, machte der Haltung einer lässig zur Schau gestellten Unabhängigkeit Platz, die glaubt, auf nichts mehr angewiesen zu sein, weil alles getan, gesagt, gedacht, gelebt sei.

Dagegen ist nicht leicht anzukommen. Die Abschiedsbegeisterung widerspricht allen Erfahrungen, begonnen mit der alleralltäglichsten, dass das Leben mit jedem Morgen neu beginnt, indem wir aus der Bewusstlosigkeit des Schlafs zur Selbstgewissheit des Wachseins zurückkehren, und dennoch bleibt ein Faszinationskern gegen alle Demonstration des Offensichtlichen widerständig: Ist es denn auch keine verlockende Verheißung, all das hinter sich zu haben, dessen Ende im vergangenen Jahrzehnt verkündet wurde: Moderne, Kunst, Wirklichkeit, Politik, und nun, endlich, bald auch dieses Jahrhundert unvordenklicher Lasten?

Die Zeitstimmung des Beendigens ist als Versprechen der Erleichterung so berechtigt wie unwiderstehlich.

Und dann sitzt man da, umgeben von all den Enden. Was bleibt dann noch zu tun? Lässt sich da noch etwas machen?

Rückwendung

Alles beginnt von neuem, nichts von vorne.

Die Kunst macht da keine Ausnahme. Wollte man sie von vorne beginnen, wie Sartre überzeugt war, dass es die Maxime Giacomettis gewesen sei, könnten ihre Gebilde so wie dessen Minimal-Skulpturen nur solche einer äußersten Flüchtigkeit sein, jeder Dauer entzogen: Giacometti neigte dazu, seine Plastiken wieder zu zerstören. Nur die wenigen nahm er davon aus, die er verkaufte, um seinen Lebensunterhalt zu verdienen.

Eine Kunst, die von vorne begonnen werden könnte, müsste zuvor also vernichtet worden sein.

Sein Ursprung treibt die individuelle Ausbildung eines Metiers voran, man hat ihn mit seinen maßsetzenden Verpflichtungen immer im Rücken: Nicht ein Ziel zieht, eine Herkunft treibt. So lautet das Bewegungsgesetz jeder Produktivität. Die Überbietung des Gewesenen ist das Motiv für das »Neue«, nicht, etwas Neues zu schaffen. Dieses entsteht, indem die Möglichkeiten des Gegebenen durchgearbeitet werden. So gehen die Bilder aus Bildern, statt aus ihren Ideen hervor. Was einem bei der Arbeit vorschwebt, wird zu einer eindeutig erkennbaren Gestalt in der Erinnerung an ihre Vorgängerinnen.

Weil sich »Probleme« nicht lösen lassen – sie werden unerheblich, indem sie verschwinden –, gibt es immer wieder neue Bilder. Die möglichen Beziehungen etwa zwischen den Farben Grün und Rot auf einer Fläche sind zwar begrenzt, in ihrer unüberschaubaren Mannigfaltigkeit jedoch praktisch unendlich. Vermutlich ließe sich die Unwahrscheinlichkeit statistisch demonstrieren, dass es je so viele Maler geben könnte, derer es bedürfte, ihre Möglichkeiten auszuschöpfen. So ist die Malerei wie eine jede

Kunst ein unendliches Beginnen, weshalb ein Bild nicht nur *auf* das vorhergehende, sondern auch *aus* ihm folgt.

Wer dagegen von neuem statt von vorne beginnt, kann einem Moment Dauer verleihen. Dass die Kunst dazu in der Lage ist, hat ihr in der uns bekannten Geschichte ihre herausgehobene Wertschätzung verliehen. Ihre Herkunft aus dem Kult hat ihr bis heute eine Beziehung zum »Ewigen«, zum »Zeitlosen« bewahrt, die sie seit der Antike allen Herrschern, allen Mächtigen, allen auf Unterscheidung von anderen Bedachten, allen, die sich mit der Unzumutbarkeit ihrer begrenzten Existenz nicht abfinden mögen, als Medium des Überdauerns empfahl. Längst vergessene Patrizier haben als Stifter berühmter Gemälde »überlebt«.

Den Beginn, die Hervorbringung einer Existenz, derart auf Dauer setzen zu wollen, ist von einer Perspektive auf Welt und Menschsein bestimmt, die selbst deren unerträgliche Zustände wesentlich zu verantworten hat: das Urteil vom Ende her. Respice finem, bedenke das Ende!, lautet die klassische Ermahnung, mit einem einschüchternden Unterton der Drohung, sonst das Wesentliche unrettbar zu verfehlen. Der Wunsch nach Dauer, nach Überdauern, ist von der Sehnsucht eingegeben, das Ende überlisten zu können, an dem zuallererst sein Schrecken wahrgenommen wird.

Ihn zu überwinden, ist wesentliches Motiv und größte Hemmung des Beginnens zugleich. Den Schrecken des Endes repräsentiert der Schrecken der Leere, gegen den produktives Beginnen durchzusetzen sei, wie er zum modernen Mythos des Künstlertums gehört: als weißes Papier, noch unbewegt einsam auf dem Bildschirm blinkender Cursor – bewege mich, so wirst du frei.

Aber ist die Befangenheit vor dem Weiß nicht eher Entmutigung vor der Überfülle der Möglichkeiten, als Horror vor der Leere, die zu füllen die eigenen Kräfte übersteigen könnte? Im Weiß sind alle Farben gebunden, es enthält in sich das Universum des Möglichen. Nur das ist ein Beginnen, das keine Möglichkeit ausschließt. Es ist die Bereitschaft zu mehr, als man glaubt, schon wissen und tun zu können. Wer sich *ein* festes Ziel setzt, muss es verfehlen. In jedem Beginnen wirkt das Motiv, die Aufhebung der Leere, die Aktualisierung des Möglichen zu verstetigen. Das aber kann nur als Prozess gelingen.

Immer wieder von neuem zu beginnen heißt nicht, «das Neue« hervorzubringen.

Bedingung dafür wäre, dass dem ein Ende voranginge. Wer eine neue Malerei will, muss zuvor das Ende der Malerei wollen. Weil so viel von eben diesem Ende hergemacht wurde, gibt es so viel Neues in der Malerei.

Der Kult des Neuen geht, abseits kommerzieller Marktmechanismen, mit einer verborgenen Verherrlichung einher, die zu einer tragenden Konvention unserer Kultur geworden ist. Wozu ist das gut?, muss sich jeder und alles jederzeit fragen lassen. So zu fragen aber heißt, vor der Zeit Rechenschaft über ein Ende zu fordern, das noch nicht eingetreten ist: Wird das, was daraus werden kann, einmal gut gewesen sein? Die vorweggenommene vollendete Vergangenheit muss jedes Beginnen im Keim ersticken. Nach ihrem Maß zu urteilen aber bedeutet, den Tod zum obersten Maßstab zu erheben, den physischen Agenten des Beendens.

Alle Religionen mühen sich an seinem Skandal ab. Aber hätte man ihn nicht behoben, hoffte man für das Leben nur von seinem Ende her, statt über sein Ende hinaus?

Es könnte uns wohler ergehen, dächten wir, statt darauf zu hoffen, unser Ende überlisten zu können, dem voran, wie wir unser Begonnen-Haben zu erfüllen vermöchten.

In ihrem unendlichen Beginnen setzt die Kunst den Tod dorthin, wohin er allein gehört: ans Ende, außerhalb des Lebens.

Von wenigen Ausnahmen abgesehen, hat die Philosophie ihn immer an den Beginn ihrer Bestimmungen des Lebens gesetzt. Deshalb hat sie einer Lebensform nichts mehr, noch nichts wieder, zu sagen, die den Tod verdrängt, weil sie ihn selbst, entgegen ihrer menschlichen Bestimmung, unaufhörlich hervorbringt.

Die Vollendbarkeit der Geburt ist das Thema der Philosophie im Übergang zum kommenden Jahrhundert.

Es gibt ein Leben nach der Geburt.

Zweite Geburt

Alles, was wir sind, sind wir »von Geburt«, weil durch Geburt.

Daraus zu folgern, wir trügen alle unsere Möglichkeiten bei unserer Geburt bereits in uns, wäre verfehlt. Möglichkeiten sind einem nicht »gegeben«, man muss sie sich verschaffen. »Gegeben« sind einem Fähigkeiten und Fertigkeiten. Es ist grundlos, sich über einen »Mangel« an Möglichkeiten, über ungünstige »Umstände« zu beklagen. Eine Fertigkeit, ein Vermögen, die gebildet und ausgeübt werden, schaffen sich ihre Umstände. Es sind immer die jeweils günstigsten.

Ein Leben beginnt nicht einmal, mit seiner Geburt, sondern ständig. Zu leben heißt, sich unablässig zu erneuern und sich so von seinem Ursprung zu entfernen.

In den Künsten ist diese Bedingung des Lebens am reinsten erfüllt. An ihnen lässt sich lernen, dass das Beginnen in seiner Unablässigkeit ein Prozess der Formung ist. Vorgefundenes aufzunehmen und ihm Gestalt zu geben, ist die Arbeit der Kunst, deren Gelingen sie zum Modell des Lebens macht. Jede Handlung zur Gestaltung eines Lebens ist eine zweite Geburt, die eine der Möglichkeiten verwirklicht, in deren Fülle die erste entließ.

Perspektivenwechsel

Im Übergang ins neue Jahrhundert, nach einem der Zerstörung, der grenzenlosen Menschenfeindlichkeit, kommt es auf eine Umwendung der Perspektivität unserer Welt-und Selbsterfahrung an, hin auf den unendlichen Prozess des Beginnens, fort von der Fixierung aufs Beenden. Darin liegt die größte Aufgabe des Denkens, das aufs Ganze des Lebens geht, sein Verständnis, das seine Formen prägt, vom Schreckbild seines Endes zu lösen.

So lässt sich nur hoffen, dass keine Frage endgültig beantwortet werde: Das wäre der Beginn der Unendlichkeit des Nicht-mehr-Beginnens, des Nichts.

Solange Auseinandersetzungen wie die der Farben gegen das Schwarz in der Malerei andauern, muss einem darum nicht hoffnungslos bange sein.

Einen Anfang werden zu lassen

Vom Beginnen II

Anfang ist, was selbst nicht notwendig auf ein anderes folgt, aus dem aber ein anderes natürlicherweise wird oder entsteht.
Aristoteles, Poetik, 7. Kap.

Ende umgekehrt ist, was selbst natürlicherweise aus anderem wird oder entsteht, aus Notwendigkeit oder in der Regel, ohne dass aus ihm etwas weiteres mehr entsteht.
Aristoteles, Poetik, 7. Kap.

»Ich habe eine Schwäche für Menschen, die nicht anfangen können.«

Virginia Woolf, ›Die Fahrt hinaus‹

Nichts ist alltäglicher, als zu beginnen. Jeder neue Tag muss begonnen werden, und jeder für sich, von allen, die ihn erleben. Dass fast alles im Leben immer wieder neu beginnt, das Alltägliche, in dem es sich vollzieht, ebenso wie das Besondere, das es trägt, außer es selbst: die Tage und Jahre, die täglichen Verrichtungen, die Arbeiten, die Liebe und die Freundschaft, ist eines seiner großen Rätsel. In Spiralen des Beginnens leben wir von unserem einmaligen Anfang auf unser Ende zu.

Aber wie geschieht dieses Grundmuster des Lebens, das Beginnen?

Nicht, ohne dass ein Widerstand überwunden worden wäre.

So unablässig es auch geschehen muss, so schwierig ist es immer wieder, ein Beginnen zu bewerkstelligen.

Jeder Künstler weiß, dass das Schwierigste nicht in der Vollendung einer Arbeit besteht, sondern darin, ihren Beginn zu ermöglichen. Hat man diesen geschafft, ist der Rest – fast – nur noch Disziplin und Ausdauer in der Arbeit.

Aus den Wiederholungen des täglichen Lebensbeginns nach dem Erwachen wird ein Beginn, wenn auf sie etwas folgt, das bisher nicht zum Ablauf des täglichen Rituals gehörte. Wenn der Strom des unwillkürlichen Lebensflusses an einer Stelle unterbrochen wird, an der es die Gleichförmigkeit seines vertrauten Laufes nicht erwarten lassen würde. Ein Beginn ist eine Überraschung, die auf eine eingetretene Unterbrechung folgt.

Die Überraschung über eine nicht eingetretene Vorhersehbarkeit im Vertrauten lässt mit dem Erstaunen, das es weckt, Erwartungen entstehen.

An ihnen wird erkennbar, dass etwas begonnen hat.

Die Unbekanntheit des Beginnens ist um so erstaunlicher, als es der Vorgang ist, aus dem unser aller Leben nicht nur hervorging, sondern sich erhält, solange es eben geht. Denn das Beginnen ist eine Weise des Wiederholens, das sich als die Grundbedingung unseres Daseins überhaupt erweist. Jedes Menschenleben ›ist‹ zwar keine Wiederholung, keines wird noch einmal gelebt, weil es einmalig ist; jedes aber stammt aus einer Wiederholung. Derjenigen Handlung nämlich, mit der die Natur ihre lebenden Geschöpfe dazu anhält, sich als Gattungen zu erhalten, des Zeugungsaktes.

Beginnen heißt, eine Geburt initiieren.

Der Impuls, zu beginnen, verankert im reinen Leben, beglaubigt den Genuss, zu sein; der Impuls, zu vollenden, wendet sich ab von ihm, dem Tod entgegenzulaufen, indem er dessen Akt der Erstarrung dessen, aus dem weiter nichts mehr wird, vorwegnimmt. Deshalb denkt der mit seinem Leben Einverstandene immer schon an eine nächste, während er eine seiner Arbeiten abschließt.

Das Vollendenwollen ist der Feind des Beginnenkönnens.

Eine Lebensschwäche, die sich zur Todessympathie verfestigt, stiftet jene Obsession des ›Abschließens‹ und ›Vollendens‹, die als Bedingung dafür gilt, dass ein Kunstwerk höchste Qualität erreicht. ›Früh vollendet‹ müssen die Begabungen sein, die früh sterben. Tragisch erscheint, wenn einer, oder etwas, ›unvollendet‹ blieb.

Aber Unvollendbarkeit ist das aus der Sterblichkeit herrührende Gesetz des Lebens, das jedes Einzelleben dazu verurteilt, eines Tages im Abbruch seiner Vollzüge zu enden, ohne abschließen zu können, was Sinn und Ziel seiner Äußerungen ist.

In dieser Hinsicht ist das letzte Wort des Cecil Rhodes von jener Klugheit, auf die hin die meisten letzten Worte erst von der Überlieferung stilisiert werden: *And so much to do*. Nur ein Leben, dem im Moment seines Endes nichts mehr zu tun übrig bliebe, wäre ein abgeschlossenes.

So wenig wir unser Leben selbst beginnen, so wenig werden wir es selbst beenden: es wurde uns ›gegeben‹, es wird uns ›genommen‹ werden. Hierin bildet nicht einmal der Freitod eine Ausnahme, der nie wirklich freiwillig ist, sondern immer die Nötigung eines Lebens, das sich als nicht zu bewältigende Unzumutbarkeit erwies.

Unser Leben gibt uns zu viel auf, um alles bewältigen zu können. Deshalb ist es von unendlicher Wichtigkeit, möglichst viel zu beginnen. Für einen selbst ebenso sehr wie in den möglichen Folgen für die Mitlebenden. Im Zweifelsfall ist es wertvoller, statt Begonnenes abzuschließen, Neues zu beginnen. Die Zahl unserer Initialhandlungen entscheidet über den Bestand der Möglichkeiten, die unser Leben uns und denen bietet, mit denen es verbunden ist.

In der Schlussrechnung wird das Begonnene das Abgeschlossene überwiegen.

Jeder Beginn ist die Entmystifikation der ›Vollendung‹.

Jeder produktive Mensch kennt den Mechanismus, mit dem die Stagnation einer Arbeit zu lösen ist: man nimmt eine andere, unbeendete wieder auf, oder beginnt mit einer neuen.

Das Gegenstück des Beginnens ist nicht das Beenden, sondern das Abbrechen.

Das Abbrechen muss sein, damit mit etwas anderem begonnen werden kann.

Damit einer mit vielem beginnen kann, muss er vieles unbeendet lassen. Deshalb folgt auf ihre Ankündigung so selten eine ›Fortsetzung‹.

Aber darauf kommt es auch gar nicht an. Vielmehr darauf, dass es etwas gibt, das wirken, das *sich* fortsetzen kann.

Das ist der Sinn jedes begonnenen Werkes, dass durch Wirkung aus ihm etwas werden kann, das es sonst nicht geben könnte. Je abgeschlossener es ist, desto geringer wird sein Wirkungspotential sein.

Vollkommenes bleibt folgenlos.

Das Beginnen ist der Urimpuls eines seiner selbst bewussten Lebens, das Einfluss darauf nehmen will, wie es ist und was es werden wird. Wer etwas beginnt, verschafft sich Möglichkeiten, die es für ihn sonst nicht gäbe.

Dass sie in ihren Folgen unabsehbar sind, sich nicht kalkulieren lässt, ob sie einem schließlich zu- oder abträglich sein werden, stiftet im Zurückschrecken davor die tötende Disziplin des Immergleichen.

Man kann nicht mit dem Beginn beginnen.

Etwas muss schon lange begonnen haben, um *als* Beginn wahrnehmbar werden zu können. Erst dem Rückblick wird er sich erschließen. Erst ein Historiker wird sagen können, wann genau etwas begonnen hat, weil er weiß, was daraus wurde. Er kennt das Ende, weil er überschaut, was zusammenkam und sich zu dem verband, was als Beginn zutagetrat. Identifizierbar ist ein Beginn nur der Retrospektive. Initiiert durch den kurzen Moment einer ›Ursetzung‹, der über alles schon entscheidet, was daraus werden kann, muss ein Prozess mit Ergebnissen stattgefunden haben. Auf einen Anfang muss etwas von dem gefolgt sein, was in ihm als Möglichkeit geborgen liegt, damit etwas begonnen haben wird. Kommt es zu keiner dieser möglichen Folgen, erlischt die Handlung der Ursetzung und wird zu einem einfachen Ereignis, so flüchtig und verwischt wie eine Spur im Sand.

Die Handlung der Ursetzung besteht in der Wahl einer Möglichkeit, zu handeln. Mit dieser Wahl geschieht die Festlegung einer möglichen Folgerichtigkeit, sei es zum Guten, sei es zum Schlechten. Der Beginn hat unwiderruflich stattgefunden, sobald der erste Schritt auf dem Weg dieser Folgerichtigkeit getan wurde.

Beginnen ist die Kunst, einen Anfang werden zu lassen.

Weltspannung

Ich wische die drei winzigen Tropfen von der Fingerkuppe, einen größeren dicken, und zwei kleinere, die so dünn sind, dass sie gegen die Sonne gehalten fast durchsichtig werden.

Noch nie hatte ich eine Fliege schwimmen sehen. Diese tat es gewiss nicht freiwillig, sie nahm kein Bad, war irgendwie hineingeraten in das ihr feindliche Element, durch Ermüdung, oder einen Windstoß.

Mit allen ihren Beinen heftig ausschlagend, bewegte sie sich auf der Oberfläche des Poolwassers. Ihr in der Abendsonne hell aufblitzender, grün metallisch schimmernder Rücken würde sie schnell zur Beute einer der um diese Zeit in kleinen Gruppen in rasantem Tiefflug die Wasserfläche absuchenden Mauersegler machen, wenn sie nicht vorher ertrank. Nach dem Gesetz der Natur musste ihr Ende bevorstehen. So oder so. Ausweglos.

Ich kniete mich hin, schob meine rechte Hand in Gegenrichtung zu ihrer Fortbewegung auf ihren Körper zu ins Wasser, und hob das Tier heraus.

Sie kam auf der Kuppe des Ringfingers zu sitzen. Einen Moment hielt sie, von neuer Bedrohung erfasst, erstarrt inne, um sich dann heftig zu schütteln, wobei sie ein erstes Kothäufchen unter sich gehen ließ, dem noch zwei weitere, kleinere folgten, was ich nur sehen, auf der Hautoberfläche aber nicht spüren konnte, während sie ihre Vorderbeine gegeneinander und an ihrem Kopf mit wiedererstarkender Vitalität rieb, worauf sie, kurz aufbrummend, sich in die Luft warf, und davonflog.

Ich hatte eine Todesangst erlebt, und beendet. In einem Ausnahmemoment, in dem die übliche Wahrnehmungsbegrenzung ausgesetzt war, hatte ich in den Abgrund der Welt gesehen, in dem aus zahllosen solcher Geschehnisse, in denen ein Leben sich in todessicherer Bedrohung verfangen hat, die Spannung entsteht, die ihre Ordnung aufrechterhält: der Schrecken auf Gegenseitigkeit, den die Abermilliarden von Lebewesen einander in unablässiger Gleichzeitigkeit zufügen, die in der steten doppelten Furcht leben, keine Nahrung zu finden, oder selbst als Nahrung zu enden.

In einem Augenblick müßiger Aufmerksamkeit hatte ich die Vorbestimmtheit einer Situation der Lebensbedrohung aussetzen können, auf die mein Blick von eben jenem Leuchtsignal gelenkt worden war, zu dem der auf ihn fallende Sonnenstrahl den Rücken des winzigen Tieres machte, es zur sicheren Beute bestimmend.

Es gibt keinen einzigen Moment im Sein der Welt, der nicht von der Todesangst unzähliger Lebewesen durchzittert wäre. Ihre Daueranspannung hält die Welt zusammen.

Der Gang der Welt lässt sich nicht ändern; aber unterbrechen. Das Auge der Aufmerksamkeit kann ihre Gleichgültigkeit aussetzen. Günstigenfalls so lange, dass es zu einem Rettungsgriff reicht.

Wollte man sich diese Fliege als mit menschlichem Bewusstsein ausgestattet vorstellen, so hätte sie in der Minute, in der meine Aufmerksamkeit ihr galt, die Erfüllung dessen erfahren, was für den Gnostiker die Hoffnung auf den rettenden Eingriff eines Erlösergottes in die demiurgisch verpfuschte Schöpfungsordnung ist.

In den Momenten, die als Eintritt eines großen Glückes erfahren werden, das in letzter Minute aus höchster Gefahr befreit, mehr noch denen, in denen die Abwendung einer Gefahr sich ereignet, *ohne* bemerkt zu werden, sind wir diese Fliege, der das Unwahrscheinlichste geschah, von einem ihrer Welt unzugehörigen Wesen der Not enthoben zu werden, in die sie geraten sein musste, ohne zu wissen, wie ihr geschah.

Das Leben ist in jedem seiner eigenen auf die Momente angewiesen, in denen das Unbegreifliche sich ereignet, das es fortdauern lässt.

Sein der Gewalt

Ein Symbol dient dazu, einen gestaltlosen Terror zu umschreiben.
Aby Warburg

Der Ursprung der Kultur ist die Erfahrung der Überwältigung dessen, der erlebt, zu sein: vom Unverfügbaren in Verfügung genommen zu sein. Zu sein, heißt, abhängig zu sein von Unbekanntem, dem man auf unkalkulierbare Weise ausgeliefert ist.

Die Welt als Schöpfung ist das Ergebnis eines ersten Gewaltaktes gegen das Nichts. Der *Schöpfer muß rücksichtslos sein* (Schnurre, Schattenfotograf, 189).

Wie der Anfang so das Ende: Geburt und Tod sind die Überwältigungen schlechthin. Daraus bezieht die Kunst die Rücksichtslosigkeit des reflektierenden Subjekts gegenüber den Bedingungen seines Daseins: es legt sie bloß, indem es zeigt, was macht, dass es ist, wie es sein muss. Dadurch wird es zu mehr als dem, wozu sein Ursprung es nötigt, zu sein.

Der Ursprung der Gewalt ist die Gewalt des Ursprungs. Die Gewalt, die auf dem Leben lastet, das wir, einmal hineinversetzt, zu führen haben, ist die unglückliche Erbin der anfänglichen Gewalt: niemand lebt aus eigenem Entschluss; jedes Dasein ist die Folge anderer Willen. Wir sind, weil andere es wollten, oder nicht zu vermeiden wussten. Die Zeugung jedes neuen Lebewesens ist der Gewaltakt, der die Unwiderruflichkeit eines Seins setzt. Das Faktum unseres Seins besteht: es ist ohne Wahl. Das definiert alle Gewalt: ihr ist unterworfen, wer keine Wahl mehr hat.

Daraus folgt alles, was wir als lebensbelastend zu erfahren bekommen. Daran findet jeder Daseinswille seine absolute Grenze.

Das Überwältigende ist die Essenz der wesentlichen menschlichen Erfahrungen: Natur, Krankheit, Liebe, Gewalt. Die Gewalt aber ist die stärkste. Sie in Gemeinschaft zu bändigen, ermöglicht das Leben des Einzelnen in der europäischen Zivilisation seit der englischen Glorious Revolution, die den Körper des Individuums zur Unantastbarkeit erklärte: habeas corpus. Seitdem ist jede Organisation der Macht darauf aus, den Körper in ihre Verfügung zurückzunehmen.

In der Anthropolitik des 20. Jahrhunderts pervertiert das staatliche Gewaltmonopol, das die archaische Gewalt zivilisierte, zum Monopol der Gewaltanwendung. Die Politik löste das zivilisatorische Band der Gewaltbindung, indem sie zu ihrem Gehalt den absoluten Konflikt zwischen letzten Bestimmungen des Menschlichen erhob, der den Einsatz des Äußersten an Zerstörung rechtfertigt: die Vernichtung des Körpers, der die Definition nicht erfüllt.

Jeder Gewaltakt ist ein Akt zur Behauptung einer beanspruchten Identität, deren Besitz ebenso ungewiss ist wie er für unbedingt erforderlich gehalten wird. Die Ausmerzung des Abweichenden, dessen, was Identität als Identität in Frage stellt, indem es sich einer Bestimmung nicht fügt, muss für die Aufrechterhaltung der im Kern für ungewiss gehaltenen Identität einstehen. Der Anspruch auf Identität, der sich der Erfahrung eigener Fremdheit als unvollkommener Identität ausgesetzt findet, bereitet die Gewalt vor.

Die Natur im Menschen eröffnet ihm die Gewaltsamkeit dessen, wovon er abhängt, am schmerzlichsten, wenn sie sich dort vollzieht, wo er sich selbst am intensivsten zu spüren bekommt. Die körperliche Lust ist verschränkt mit dem Naturursprung der Gewaltsamkeit. *Die Romantiker aller Zeiten fühlten sich durch jene Vergewaltigungsszenen erregt, in welchen die untermenschliche Natur wieder den bleichen Menschenleib des Weibes deckt; und sie malten den Schwan, wie er auf Leda erbebt, den Stier mit*

Pasiphae und Antiope unter dem Bock. Allgemein entdeckten sie ein Schauspiel von sublimer Lüsternheit in der Landschaft mit Ruinen, wo der behauene, geometrische Stein in der Umarmung des wilden Pflanzenwuchses vergeht. Wenn ein rechter Romantiker ein Gebäude von weitem sieht, suchen seine Augen an Giebeln und Dächern zuerst Efeuranken und Moos. Sie verkünden, daß im Grunde alles Erde ist, daß überall der Urwald wuchert (Ortega, Aufstand, 94 f.).

Vor dem geborenen Menschen erfährt es die, die ihn gebären wird. Natur vollzieht sich mit Gewalt am Menschen, indem die Prozesse ablaufen, aus denen sie besteht. Das gilt auch für die, die erwünscht sind.

Den Moment metaphysischen Grauens beschreibend, den er beim Anblick des weiblichen Geschlechts als Zwang zur Sexualität erfährt, beschreibt Henry Miller die Gewalt der Geschlechtlichkeit als eine conditio humana, der man sich nur unterwerfen kann, will man sein Menschsein nicht leugnen. Sexualität selbst ist Gewalt, nicht nur einige ihrer Spielarten, sie auszuleben. Sie überwältigt den Einzelnen, der ihre Gewalt über sich erlebt, indem er gleichzeitig glaubt, seinem freien Willen zu folgen, indem er sexuell handelt. Jeder vollzogene Akt ist der Vollzug einer metaphysischen Gewaltsamkeit an den an ihm Beteiligten: sie können ihn nicht nicht wollen, indem sie ihrem Verlangen nacheinander mit ihren Körpern nachgeben. Die Kultur des Begehrens liegt darin, das Unabweisliche so zu vollziehen, dass es sich als Erfüllung individuellen Glücks erleben lässt, die es solange nicht ist, wie Sexualität am Menschen ein Gesetz vollzieht, über das er keine Verfügung erlangen kann. Man kann sich nicht entscheiden, kein sexuelles Wesen zu sein.

Die als Tabu internalisierte absolute Gewalt des Geschlechts kann jedoch zivilisierend auf die sich selbst absolut setzende politische Gewalt wirken.

In seinen Erinnerungen aus dem Spanischen Bürgerkrieg

›Mein Katalonien‹ schildert George Orwell, einer der subtilsten Phänomenologen der Gewalt, eine Hausdurchsuchung, in der der sanfte Terror des Geschlechts den manifesten der Politik bändigt und dessen Aktion aufhebt. *Während der ganzen Zeit lag meine Frau im Bett, und es hätte bestimmt ein halbes Dutzend Maschinenpistolen unter der Matratze liegen können, gar nicht zu sprechen von einer Bibliothek trotzkistischer Dokumente unter dem Kissen. Aber die Geheimpolizisten dachten nicht daran, das Bett zu berühren, ja, sie sahen nicht einmal darunter. Ich kann mir nicht vorstellen, daß dies zur normalen Routine der Ogpu gehört. Man muß sich vorstellen, daß die Polizei fast vollständig unter kommunistischer Kontrolle stand und daß diese Leute wahrscheinlich kommunistische Parteimitglieder waren. Aber sie waren auch Spanier, und es wäre ein bißchen zu viel für sie gewesen, eine Frau aus dem Bett zu zerren. So wurde dieser Teil ihrer Aufgabe schweigend übergangen, und damit war die ganze Durchsuchung sinnlos* (293 f.).

Vom archaischen Schrecken protomenschlicher Wesen, die Höhlenwände mit Bildern versahen, bis zum technokratischen Krieger des 20. Jahrhunderts, der die Ausübung der Gewalt an die Mechanik optischer Zielgenauigkeit delegiert, herrscht Kontinuität. Der Künstler geht dem Ingenieur voran – die Imagination der lebensgründenden Gewalt archaischer Jagdkultur trifft sich mit dem Blick des Feldherrn, der durchs Scherenfernglas auf das Objekt des Granatbeschusses blickt, schließlich mit dem des Fernsehkonsumenten, den der Blitz im Zielkreuz des Jagdbombers im Einsatz eines fernen fremden Krieges fasziniert, dem er auf seinem heimischen Bildschirm über die Schulter schaut.

Die Bilder repräsentieren nicht den Feind als Ziel von Gewalt, sondern die Bereitschaft, sie anzuwenden: in der festesten aller Überzeugungen ihrer unbedingten Notwendigkeit. Die Befähigung zur Gewalttat ist heilsverbürgend, sie soll retten vor absoluten Gefahren, die unbestimmbar bleiben.

Grundfigur dieser Nötigung ist im biblischen Mythos Abraham, der ohne Zögern das Gesetz zu vollziehen bereit ist, auch wenn es ihm gebietet, wozu er unter keinen Umständen bereit sein kann, ohne sich damit selbst auszulöschen: der Hüter des Gesetzes, der seinen Sohn opfert, tötet auch den Vater. Der göttliche Eingriff, der den Vollzug der göttlichen Willkürlaune, in der das Opfer verlangt wurde, verhindert, macht die Bereitschaft zum Kindesmord als Urtat der Gesetzessicherung zur Bedingung dafür, die Untat als Grundlage des menschlichen Gesetzes zu überwinden. Abraham der Vater, hat Isaak, dem Sohn, das Leben gegeben; dieser erhält es geschenkt, indem der Gott, der es als Probe der Gesetzestreue fordert, Abraham, dem Hüter des Gesetzes, in den Arm fällt: dass wir leben dürfen, ist unserer Verfügung entzogen. Die auf Selbstopferung gegründete Selbsterhaltung ist zum Scheitern verurteilt.

Aber zivilisationsverbürgend ist nicht der ausgebliebene Vollzug des Menschenopfers, sondern die andauernde Bereitschaft zu ihm. Die Urgegenwart des Unzulässigen als allgegenwärtige Möglichkeit: die Gewalt des Menschen gegen den Menschen lässt sich nicht überwinden; sie ist durch die unablässige Latenz ihrer Möglichkeit nur suspendiert.

Dieses Muster wurde zur Rechtfertigung des Krieges, der Gewaltanwendung mit dem Ziel, Gewalt als Mittel der Interessendurchsetzung auszusetzen, zu töten, damit nicht mehr getötet werden muss. So bleibt die Vollendung der Kultur aufgeschoben.

Die Unfruchtbarkeit der Gewalt liegt in der reinen Verneinung, die sie an ihrem Objekt vollzieht. Als »Anti« stellt sie mit dessen Auslöschung dessen Vorher wieder her: es kann erneut entstehen. *Wenn sich jemand gegen Pedro erklärt, so heißt das auf die bejahende Form gebracht, daß er sich für eine Welt erklärt, in der es keinen Pedro gibt. Eben das war aber der Fall, bevor Pedro zur Welt kam. Anstatt sich zeitlich hinter Pedro zu stellen, versetzt der Pedro-Gegner sich vor ihn; er läßt den ganzen Film an jener vergangenen Weltstelle noch einmal beginnen, von der aus er doch gnadenlos Pedros Wiederauftritt entgegenrollt* (Ortega, Aufstand, 101).

Deshalb ist die Anwendung von Gewalt, die auf Auslöschung abzielt, die dümmste aller Handlungen der Dummheit. Kein Sein lässt sich rückgängig machen.

Das macht die Gewalt rasend.

Henry *Miller*, Die Welt des Sexus (1940), Reinbek 1977
José *Ortega y Gasset*, Der Aufstand der Massen, Stuttgart-Berlin o.J. (um 1930)
George *Orwell*, Mein Katalonien, München 1964
Wolfdietrich *Schnurre*, Der Schattenfotograf, München 1978

gleich / gültig

Für Harald Hilscher
›Petit Rien III‹

Lange vorbereitet, und doch unerwartet, beginnt jedes Leben das Dasein aufs Neue. Zur Welt kommt man nicht; zur Welt wird man gebracht, manch einer in sie geholt. Sie ist, was alles schon da war und da ist, wenn beginnt, was in sie geboren wird, und was noch da sein wird, wenn es gestorben sein wird. Dazwischen liegt ein Leben: zwischen Vor- und Nach-Welt. Von der Welt nicht vorgesehen, weil sie auf jeden, der in sie gebracht wird, auch verzichten könnte, hat Glück, wer von denen in ihr erwartet wird, die ihn in sie brachten. Die Welt geht uns nichts an. Unser Leben geht uns alles an. Von ihr hervorgebracht, ist die Welt, für die wir gleichgültig sind, unser größter Schatz: Fundus für die Notwendigkeiten und Bedürfnisse unseres Lebens. Das Sein der Welt schuldet dem Leben, das es sein lässt, ein Dasein. Nichts geschieht für uns, was nicht durch uns geschieht. Alles, was wir können, ist notwendig, weil jeder zufällig ist in der Welt. Nichts davon braucht sie. Sie kennt uns nicht. Deshalb müssen wir sie um so besser kennen. Wir wissen um unser Leben. Nichts kommt in die Welt, was nicht vorher in uns war; nichts, was nicht vor uns in der Welt war, können wir an-ver-wandeln zu unserem Leben. Wir sind, indem wir re-produzieren, was ohne uns ist. Die Welt ist alles, was wir brauchen. Nichts von uns braucht die Welt. Die Welt wird sein, was wir gebraucht, getan und geschaffen haben werden, um da gewesen zu sein. Wir werden hinterlassen, was wir vorgefunden haben: eine Vor-Welt ohne Erwartungen, und eine Nach-Welt voller Möglichkeiten, zu denen beitrug, wer immer kam und ging.

Nachweise

Hinter Vorhängen oder Von der Wahrheit: Erstdruck in: schöngeist. magazin für kunst leben denken, Heft 6, Berlin 2005, 42-45

Sieh mich an: Erstdurck in: schöngeist, Heft 8, 2006, 40-42

Das zweite Gesicht: Erstdruck

Das Wichtigste zuletzt: Erstdruck

Gerade genug oder Was wollen wir wissen? Erstdruck

Es sich sagen lassen: Erstdruck in: Christoph Grubitz, Ingrid Hoheisel, Walther Wölpert, Hg., Keine Worte zu verlieren. Elazar Benyoëtz zum 70. Geburtstag, Herrlingen 2007, 61-64

In der Fremde: Erstdruck in: schöngeist, Heft 5, 2005

Das Versprechen des Kindes: Erstveröffentlichung im Internetmagazin http://www.musenblaetter.de, 2008; Erstdruck

Werkzeuge für die Werkstatt des Lebens: Erstdruck in: Andreas Steffens, Werkzeuge des Lebens, Katalog zur gleichnamigen Ausstellung im Deutschen Werkzeugmuseum, Remscheid 2007

Nietzsche oder Die Sehnsucht nach einem neuen Menschen: Erstdruck

Politik als plastische Chirurgie: Vortrag im ›PKW. Philosophie-Kreis Wuppertal‹ März 2000; Erstdruck

Splitter im Auge: geschrieben im Oktober 2001; Erstdruck

Selbst-bild-ung: Um die kunstpädagogischen Bezüge gekürzte Fassung des Beitrages *Selbstportraits. Künstlerische Bildung im Zeitalter der anthropopoietischen Wiederaufrüstung*, in: Carl-Peter Buschkühle, Jutta Felke, Hg., Mensch Bilder Bildung, Artificium Bd. 21, Essen 2005, 103-116

Das Menschenrecht auf Unbestimmtheit: Vortrag unter dem Titel *Gedächtnis und Unverfügbarkeit. Abschied von der Politik der Identität* in der Sektion III: »Political and cultural identity in Europe at the turn of the century« der Konferenz *Politische und kulturelle Identitäten*, Goethe Institut Inter Nationes Bukarest, 03.-04.06.2002; Erstdruck

Un(be)lehrbar: Erstveröffentlichung im Internetmagazin http://www.

musenblaetter.de; Erstdurck

Denkers Blindheit: Erstdruck in: schöngeist, Heft 20, 2009, 38-40

Tränenlos: Erstveröffentlichung im Internetmagazin http://www. musenblaetter.de, 2008, Erstdruck

Vom Beginnen: geschrieben 1997 während des »Kunstsommer Schmerwitz«; Erstdruck in: neue deutsche literatur, 47. Jg., 523. Heft, 1/1999

Einen Anfang werden zu lassen: Vom Beginnen II: Vortrag im Rahmen des Projekts ›Beginnen‹ (Ute Völker, Ike Vogt, Harald Hilscher, Andreas Steffens); Aktion im ehemaligen Kunstraum Wuppertal: Wein-Kult, 2005; Erstdruck

Weltspannung: Erstveröffentlichung im Internetmagazin http://www. musenblaetter.de; Erstdruck

Sein der Gewalt: Erstdruck

Gleich/gültig: Textbeigabe für Harald Hilschers Klang-Bild-Installation ›Le petit rien III‹; Erstdruck in: 11:1 Heimvorteil, Museum am Ostwall, Dortmund 2009, 28

Andreas Steffens
GLÜCK
Aspekte und Momente
Die Besonderen Hefte
Einbandgestaltung nach
einer Radierung von Annette Lucks
85 S., Br., handgeheftet, EUR 6,50
ISBN 978-3-935421-43-0

Glück ist ein Luxus, den jeder erlangen kann, wie arm er auch bleibe; denn es gehört nicht zu den unerlässlichen Bedingungen unseres Lebens. Es lässt sich führen auch, ohne glücklich zu sein, und manch einer ist im Unglück sehr alt geworden. Aber es ist eine Voraussetzung dafür, dass unser Leben und unsere Selbstwahrnehmung im Einklang sind. Eigentlich ist das Glück nichts anderes als dieser Einklang. Von allem, was sich in der Welt begibt, abhängig, ist es durch nichts zu bewirken, obwohl jede Handlung aller zu jeder Zeit an jedem Ort daran mitwirkt, dass es sich ereigne.

Während die ›Aspekte‹ als Gedankenerträge bedachter Lesefrüchte die Leere seiner Unbestimmbarkeit umkreisen, beschreiben die sich anschließenden ›Momente‹ aphorismenartig aus persönlichem Erleben und Beobachtung anderer stammende Erfahrungssplitter, in denen aufblitzt, was Glück sein kann.

Andreas Steffens

ONTOANTHROPOLOGIE

ca. 300 Seiten, Broschur, ca. EUR 18.00

ISBN 978-3-935421-55-3

September 2010

Inhalt: Weltvergessen - Überwältigt / Ein anderes Denken / Ein Ende als Anfang: Das Urereignis, das nicht endete / Das ausgeschlagene Erbe: Die gleichgültige Welt / An den Polen des Daseins / Die Welt im Menschen / Weltversagen am Menschen / Die Aufgabe: Ontoanthropologie / Durch die Welten / Kontexte

Bei allem, was sie sonst auch noch sein mag, bietet die neuere Geschichte sich vor allem als ein Kontinuum von Katastrophen dar, die den Menschen immer wieder an sich (ver)zweifeln lassen. In ihnen stellt der Urverdacht aus vergangenen Urzeiten sich als Folge menschlicher Handlungen wieder her: gar nicht in der Welt zu sein. Weltlosigkeit ist der äußerste Schrecken des Menschen. Zu seiner Abwehr ist er zu allem bereit. Und nur zu wenigem in der Lage.
Nicht nur als Schöpfung und Natur, selbst noch als reines Menschenwerk der Geschichte ist die Welt vor allem das, was uns geschieht.
Wir erfahren unsere Welt nicht nur als Außen unserer Wirklichkeiten; wir tragen sie auch in uns. Wir leben nicht nur in der Welt, die Welt lebt auch in uns. Die wesentlichen Geschehnisse unseres Lebens sind ‚Ereignisse': sie geschehen einem. Man ist ihr Objekt mehr als ihr Subjekt. Wir sind handelnder Teil des Geschehens, das sich an uns vollzieht. (aus dem Vorwort)

Mit seiner »Ontoanthropologie« legt Steffens eine erste Grundlegung jener »Kulturontologie« vor, deren Erfordernis das Ergebnis seiner geschichtsanthropologischen Bilanz ›Philosophie des 20. Jahrhunderts oder Die Wiederkehr des Menschen‹ (1999) war. Sie führt seine Studien zur Rekonstruktion der Anthropologie im Horizont der Erfahrung der Geschichte fort. Als deren systematisches ›Programm‹ bildet sie den Auftakt zu einer Reihe materialer Untersuchungen der Grundelemente des menschlichen Weltverhältnisses als Basis einer erneuerten ›humanen Selbstbehauptung‹.

Andreas Steffens

HEIMKEHR IN DIE FREMDE

Pariser Ankünfte

Die Besonderen Hefte

ca. 40 S., Br., handgeheftet, EUR 5,50

ISBN 978-3-935421-47-8

April/Mai 2010

Keine andere Weltstadt hat so ungebrochen von Generation zu Generation Sehnsüchte geweckt und verzaubert wie Paris. Für manchen wurde die ›Hauptstadt des 19. Jahrhunderts‹ zur Zuflucht und zum Ort der Selbstfindung. An keinem Ort der Welt haben so viele die Verwandlung der Fremde in mögliche Heimat erfahren wie hier.

Diese zentrale menschliche Erfahrung wird anhand literarischer Zeugnisse vom Ankommen in Paris konturiert.

OPUSCULA

Andreas Steffens

BildGedacht und SchriftGemalt

ISBN 978-3-935421-52-2

65 S., französische Broschur, EUR 6.50

Was führt den Philosophen, der ein Schriftsteller ist, dazu, zu malen, zu zeichnen? Was führt ihn von der Schrift der Sprache zur Sprache des Bildes?

Burgund

Eine anthropoästhetische Skizze

56 Seiten, französische Broschur, EUR 6.50

ISBN 978-3-935421-53-9

Als Inbegriff französischer Lebensart, als Paradies der Gourmets und Weinliebhaber, als Refugium gebildeter Ferienlust ist Burgund bekannt; weitgehend unbekannt ist es in seiner historischen Dimension als erstes frühneuzeitliches Labor einer nachmittelalterlichen europäischen Kultur. Aus der Perspektive einer Anthropologie, die nicht mehr darauf angelegt sein kann, ›den‹ Menschen zu bestimmen, sondern das Erscheinen seiner Idee im Bewusstsein erforscht, erinnert der Essay an eine verlorene Möglichkeit der Geschichte: untergegangen, wirkt Burgund bis heute fort.

In den Bordellen der Schaulust

Ausstellungsnotizen

50 Seiten, französische Broschur, EUR 5.50

ISBN 978-3-935421-54-0

In den Museen tragen die Bilder Trauer. In Ausstellungen jedweder Art wollen sie vor Scham vergehen, jedem Blick schutzlos ausgesetzt. Der Blick, der erkennt, wird Anschauung. Die Anschauung realisiert die Würde der Bilder. Schweigend ausgesprochen, wird Gesehenes Schrift. Die Schrift hält fest, woran das Auge sich erinnern will.

Die Sammlung von Ausstellungsnotizen aus zwanzig Jahren ist ein Vademecum für den Ausstellungsbesucher, der nicht nur sehen, sondern auch erfahren will, was er sieht.